Brina Stein

Wellengeflüster II

Neue Seegänge mit Brina Stein

Verlag 3.0

Brina Stein
Wellengeflüster II
Neue Seegänge mit Brina Stein
Reiseerzählungen

ISBN – Print 978-3-95667-038-1 Edition BUCH+eBook
ISBN – eBooks 978-3-95667-039-8 ePub
978-3-95667-040-4 mobi

50181 Bedburg, Neusser Str. 23 | http://buch-ist-mehr.de

Sollten Sie Fragen oder Anregungen haben, können Sie gerne eine E-Mail senden an: service@verlag30.de

Lektorat: Hubert Quirbach | www.sprache-und-auge.de
Umschlaggestaltung: MacMaestro Kft | www.macmaestro.hu
Illustrationen & Umschlagidee: Boris Noruschat | www.kreuzfahrtunikate.de
Fotos: Ulrich Häfner Fotografie | www.fotohaefner.de
Satz & Layout: OLD-Media, 69126 Heidelberg
e-Book-Erstellung: Gerd Schulz-Pilath | datamorgana@mac.com

Printed in EU

Bibliografische Information der Deutschen Nationalbibliothek
Die Deutsche Nationalbibliothek verzeichnet diese Publikation in der Deutschen Nationalbibliografie; detaillierte bibliografische Daten sind im Internet über http://dnb.ddb.de abrufbar.

Gewidmet dem 10. März 2003,
diesem wunderbaren Tag,
der mein Leben für immer veränderte.

Vorwort

Willkommen zurück an Bord! Ich freue mich, dass Sie nun auch meinen II. Band in Ihren Händen halten. Wieder können Sie für ein paar Stunden dem Alltag entfliehen und auch dieses Mal haben Ihnen die Wellen etwas zu sagen. Wie gewohnt geht es mit ganz unterschiedlichen Schiffen in Kürze in nahe und ferne Länder. Einige liebenswerte Charaktere aus Band I werden Ihnen wiederbegegnen und viele neue, die Sie hoffentlich auch in Ihr Herz schließen werden.

Wie immer am Ende erwarten Sie die „Häufig gestellten Fragen", die Sie sich wie gewohnt bis zum Schluss aufheben sollten.

Sie kennen Band I nicht? Das ist keine Voraussetzung für den maritimen Lesegenuss, aber vielleicht macht Sie dieses Buch so neugierig, dass sie auch den I. Band anschließend lesen möchten. Ich würde mich sehr freuen.

Ich wünsche Ihnen eine schöne Lesekreuzfahrt,

Ihre *Brina Stein*

Immer wieder dienstags

Es war am frühen Dienstagmorgen gegen 5 Uhr 30, als langsam und nacheinander folgende Schiffe den Hafen von Gran Canaria erreichten: Die Scandinavian Sun, die Adia Ram, die Silver Cinderella und die Dein Dampfer 4. Über zwanzig Mal im Jahr, zwischen Oktober und März, befuhren die vier Schiffe wöchentlich die gleiche Route um die Kanarischen Inseln. Ihre Häfen hatten während der Woche eine unterschiedliche Reihenfolge, doch der Hafen Puerto de la Luz von Las Palmas war stets jeden Dienstag der Treffpunkt. Hier erwartete sie ein Passagierwechsel im großen Rahmen. 10 000 Passagiere stiegen ab, die gleiche Anzahl an Neuen auf. Doch für den Abschiedsschmerz und die Euphorie des Urlaubsbeginns hatten die vier kaum noch einen Blick. Die menschlichen Gefühlswallungen waren zur Routine geworden.

Die Scandinavian Sun legte an diesem Morgen als Erste an der Pier an und hatte damit „das Rennen“ um den besten Liegeplatz gewonnen. Als die ersten Sonnenstrahlen an den Horizont traten, glitzerte ihre wilde, bunte Bemalung in der Sonne. Sie lächelte zufrieden vor sich hin. Ihre Gäste, zum größten Teil Amerikaner, würden sich über den kürzesten Bustransfer zum Flughafen freuen. Sanft schmiegte sie sich an die Kaimauer, ihre langen Leinen wurden fachmännisch um die Poller gelegt. Interessiert betrachtete sie aus sicherer Position das Gerangel der anderen drei vor der Hafeneinfahrt. Die Adia Ram setzte sich schließlich mit einer Schiffslänge vor der Silver Cinderella durch. Die Dein Dampfer 4 belegte den letzten Platz. Die Sun stöhnte genervt. Sie war ein amerikanischer Mega-Liner und hatte gehofft, neben der eleganten Cinderella am Kai zu liegen, die, wie sie, auch einer amerikanischen Reederei gehörte. Sie wusste, der Zweite wird den Platz neben ihr besetzen. Als die Adia näher kam, grinste die Sun jedoch hämisch. Den Bug auf der Backbordseite zierte eine große Beule und der hübsche Mund war entstellt. Nachdem die Adia angelegt hatte, fragte die Sun sie unbarmherzig: „Na, machst du deinem Namen alle Ehre?"

Die Adia kräuselte kurz ihre roten Lippen und berichtete dann mit weinerlicher Stimme: „Gestern, beim Anlegen auf meiner Montagsinsel, Fuerteventura, gab es eine Windhose. Mein Kapitän hatte keine Chance, ich wurde unsanft gegen den Kran gedrückt."

Die Sun nickte nun allerdings verständnisvoll, kannte sie doch den Kran und hatte großen Respekt vor seiner Höhe. Die Adia fuhr klagend fort: „Nicht genug, dass mich nun eine große Beule ziert. Gegen Mittag nahm der Wind dermaßen zu, dass mein Kapitän beschloss, gegen 14 Uhr den Hafen zu verlassen. Zahlreiche Gäste waren noch an Land. Die Reederei hat sie in Hotels übernachten und heute früh nach Gran Canaria fliegen lassen."

Nun war die Sun ehrlich betroffen. Sie mochte keine deutschen Schiffe, verdrängte immer stets, dass sie auf der Meyer Werft in Papenburg gebaut worden war. Doch auf einer Insel zurückgelassen werden, das hatten selbst diese Landsleute nicht verdient! Auch die Sun war ein Clubschiff, wenn auch die Bezeichnung „Freestyle" – auf Englisch – viel schicker klang. Das Club-Konzept zeichnete sich vorrangig durch eine legere Kleiderordnung aus. Beim Essen hatte man freie Platzwahl, die Zeit war frei wählbar. Während Amerikaner diese relaxte Urlaubsform annahmen, herrschte bei den Deutschen immer Aufregung an Bord. Die Sun hatte schon oft neben der Adia gelegen und unfreiwillig Gesprächen der Passagiere lauschen müssen. Da ging es um Schlangen am Buffet, reservierte Sonnenliegen und die ständige Erhöhung der Getränkepreise. Unterdessen fuhr auf dem Kai ein Bus vor, die Adia raunte: „Da kommen sie, die Ausgesetzten!"

Die Schiffe tauschten einen mitleidigen Blick. In diesem Moment fuhr die Cinderella an ihnen vorbei, vollführte eine 180-Grad-Drehung und parkte rückwärts gegenüber ein. Dicht gefolgt vom Dampfer 4, der sich eine Drehung sparte und Bug an Bug mit der Cinderella zum Liegen kam. Er war in dieser Woche ausgebucht und das überfüllte Pool-Deck ähnelte stark einem Ameisenhaufen. Es war mit Menschen übersät, denn sie alle mussten in Kürze in die Busse zum Flughafen steigen. Die Adia schaute noch trauriger, wenn das überhaupt möglich war. Sie war diese Woche nur zu siebzig Prozent ausgelastet gewesen. Die Sun, die um die heimliche Konkurrenz dieser deutschen Schiffe wusste, ersparte sie sich einen Kommentar. Auf der Dein Dampfer 4 waren alle Getränke inklusive und während die Kreuzfahrtbranche dieses Konzept zu Beginn noch belächelt hatte, wurden sie doch nach einigen Jahren eines Besseren belehrt. Mittlerweile gab es vier Schiffe der Reederei und die Passagierzahlen sprachen eindeutig für das Konzept. Der dunkelblaue Schiffsrumpf, mit weißer Schreibschrift verziert, hatte zu Beginn für Spott gesorgt, doch der Anblick war zur Normalität geworden. Zugegeben, die Adia sah optisch mit ihrem unverkennbaren Mund, der dezenten Bemalung an den Seiten und den lieb schauenden Augen eleganter aus, doch Kreuzfahrer rechneten knallhart, wenn es um das Preis-Leistungs-Verhältnis ging.

Im Hafen herrschte die gewohnte Abreiseroutine. Die Cinderella zickte wie eine Prinzessin, die einen hässlichen Frosch küssen sollte und würdigte ihr Gegenüber keines Blickes. Sie war schlicht weiß, doch im Inneren verfügte sie über modernsten Komfort. Glasaufzüge transportierten die Gäste und das große Atrium beherbergte eine schwebende Freitreppe. Obwohl sie ein großes Kreuzfahrtschiff war, bot sie doch einen unglaublichen Service für ihre Passagiere! Die Anzahl der Service-Stewards auf die Zahl der Passagiere gerechnet lag bei 1 zu 2! Das war Luxus pur und ihre überwiegend amerikanischen Gäste genossen diese Annehmlichkeiten. Bei ihr war das Pool-Deck fast leer, die Gäste saßen entspannt in den Restaurants, die allesamt große Fensterfronten hatten. Vor 10 Uhr musste hier niemand von Bord. Die Cinderella begann quer über das Hafenbecken hinweg einen Smalltalk mit der Sun. Leider wenig spannend für die deutschen Kreuzfahrtschiffe, es ging um amerikanische Baseball-Ergebnisse der letzten Woche. In der American League hatten die „Angels of Anaheim" gegen die „Tampa Bay Rays" in einem ersten Testspiel vor der neuen Saison haushoch gewonnen. Die Cinderella, deren Hauptfirmensitz im schönen Kalifornien war, prahlte damit in wenig majestätischer Manier. Ihre Stimme strotzte nur so vor Angabe und Überheblichkeit. „Alte Hexe", dachte die Sun mit Blick auf den Schornstein der Cinderella, den eine solche als Wappen zierte. Dass es sich dabei um eine Meerhexe handelte, interessierte sie nicht.

„Hexe bleibt Hexe", dachte die Sun, „so ein Theater, nur weil Ihre Durchlaucht heute mal nicht auf dem Paradeplatz liegt!"

Die Dein Dampfer 4 erkundigte sich unterdessen bei der Adia ebenfalls über die Beule am Bug. Die Adia war über den Plausch wenig begeistert, berichtete aber dennoch kurz die bereits bekannten Ereignisse. Inzwischen hatten die „Ausgesetzten" das Schiff betreten und an der Rezeption wurden wahre Wortgefechte ausgetragen. Die heftigen Diskussionen setzten sich schließlich auf den Außendecks fort und schallten über den ganzen Hafen. Interessiert, distanziert und kopfschüttelnd wohnte eine Handvoll Amerikaner von den Balkonkabinen der Sun aus dem Geschehen bei. Für sie war es unverständlich, dass ein Schiff ohne alle Passagiere an Bord auslief. Und wenn doch, that's life, eine Nacht auf der Insel Fuerteventura zu verbringen, hatte sicher auch seinen Reiz. Und außerdem ... sie waren doch alle wieder wohlbehalten an Bord! Zudem würden sich ihre Anwälte nach der Rückkehr in die Heimat bemühen, den Reisepreis zu mindern, so hatte man schon die Anzahlung für die nächste Cruise beisammen. Aber sich den letzten Morgen so verderben zu lassen, das musste wirklich nicht sein. So reagierten eben nur Deutsche!

Da tauchte gegen 8 Uhr morgens plötzlich ein fünftes Schiff am Horizont auf. Alle vier Kreuzfahrtschiffe blickten überrascht und ein wenig erschrocken zur Hafeneinfahrt.

„Wer kommt denn da?", fragte die Cinderella. Die Dein Dampfer, die am nächsten zur Hafeneinfahrt lag, kniff beide Augen zusammen und sagte: „Das muss aufgrund der Größe ein klassisches Schiff sein."

Die Adia ergänzte höhnisch: „Nur die Klassiker kommen erst mittags im Hafen an."

Da begannen die anderen Schiffe herzhaft zu lachen. Sie schüttelten sich dabei so, dass kleine Wellen im Hafenbecken entstanden. Schließlich passierte das Schiff kurz vor Mittag die Einfahrt.

„Es ist dieses deutsche Film-Schiff", gab die Sun genervt von sich, als sie das Logo der Reederei am Schornstein erkennen konnte.

„Was?“, fragte die Adia, „und das ausgerechnet heute, wo ich eine Beule habe. Hoffentlich kommt nicht gleich ein Kamera-Team vom ZFD, das wäre gar nicht gut für mein Image!“

„Ruhe bewahren, ich sehe noch nichts“, fühlte die Dein Dampfer 4 mit.

Die MS Germania tutete indessen arglos zur Begrüßung, fuhr würdevoll an den vier großen Kollegen vorbei und machte direkt vor dem großen Shopping-Center längsseits fest. Gequält antworteten die vier anderen kurz zur Begrüßung, aber nur der Höflichkeit halber. Die Germania störte sich nicht daran, sie hatte von den großen Kollegen keinen herzlichen Empfang erwartet. Sie wusste, dass Gran Canaria ein „einfacher“ Basishafen war. Hier lagen immer viele Schiffe. Die Sun raunte der Cinderella zu: „Die Serie Love-Boat war meine Lieblingssendung, die Deutschen haben das kopiert mit der Germania. Genau wie das Konzept des Clubschiffes. Wir Amerikaner sind eben die Erfinder.“

Die Cinderella nickte eifrig, obwohl sie gar kein Clubschiff war, aber die amerikanische Solidarität zählte. Vergessen waren die Baseball-Ergebnisse. Die Adia tat, als ob sie diesen Kommentar überhören würde und rauchte unbeteiligt aus dem Schornstein. Der Dampfer entrüstete sich nach einer Weile über den Liegeplatz der Germania: „Kommt als Letzte und liegt in der 1A-Lage von Las Palmas, man soll es nicht glauben!“

„Vermutlich hat die Reederei tief in die Tasche gegriffen“, erwiderte die Adia.

„Wo sie wohl gerade herkommt?“, fragte die Cinderella.

„Und wo sie wohl als Nächstes hinfährt?“, setzte die Sun mit neidischem Unterton nach.

Die Dein Dampfer 4 und die Adia seufzten. Im Unterschied zu ihnen kreuzte die Germania nicht wöchentlich im Kreis. Sie befuhr die ganze Welt. Selbst wenn sie heute im Hafen von Las Palmas lag, konnte das durchaus bedeuten, dass ihr Weg sie als Nächstes nach Südafrika führen würde. Dienstagsinseln waren ihr fremd, sie erlebte mit jeder Reise neue Destinationen und Abenteuer. Darauf waren die vier großen Schiffe heute wieder besonders neidisch, wie immer, wenn sie alle gemeinsam auf einen Klassiker trafen. Diese Missgunst vereinte sie stets.

„Aber seht nur, der Altersdurchschnitt ist wieder extrem hoch auf der Germania", höhnte die Adia.

Alle sahen, wie auf der inzwischen hinuntergelassenen Gangway weit über die 70 Jahre alte Passagiere vorsichtig Richtung Land wanderten.

„Das wäre mir egal", fauchte die Dein Dampfer 4 von der anderen Seite und setzte mit wehmütiger Stimme nach, „wenn ich nur einmal im Hafen von Sydney liegen dürfte, das wäre mein Traum."

Nach diesem emotionalen Bekenntnis herrschte für viele Stunden betretenes Schweigen im Hafen von Las Palmas. Die Germania hatte den Kommentaren wortlos gelauscht. Sie war zu stolz, um darauf einzugehen. Ein Klassiker blieb eben ein Klassiker!

Am Nachmittag trudelten die neuen Passagiere für die nächste Woche auf den Schiffen ein. Busse fuhren vor, Koffer wurden ausgeladen, überall herrschte hektische Betriebsamkeit. Nur vor der Germania tat sich nichts. Die Adia, deren Beule inzwischen repariert und damit Vergangenheit war, bemerkte es als Erste und rief leicht arrogant zur Germania hinüber: „Na, keine Fracht heute?"

Die Germania runzelte bei dieser harten, verbalen Attacke leicht den Schornstein, erwiderte aber freundlich: „Ich habe exklusive Dreharbeiten an Bord für das Fernsehen. Die neuen Passagiere steigen erst morgen zu. Selbst alle Crewmitglieder mussten mich für eine Nacht verlassen."

Noch schlimmer als im Kreis zu fahren, war es für ein Schiff, leer zu bleiben, ohne Passagiere! Der jährliche Werftaufenthalt war trostlos genug, aber während dieser Zeit war zumindest immer ein Teil der Crew an Bord. Nachdem die Germania dieses Geheimnis gelüftet hatte, fühlten sich die vier anderen Schiffe versöhnt. Nächste Woche, am Dienstag, würden sie sich erneut im Hafen von Gran Canaria treffen. Wieder würden zahlreiche Passagiere auf- und absteigen. Eine erneute Woche im Kreis fahren! Aber sie blieben niemals leer! Am späten Abend, die Dunkelheit war schon über den Hafen hereingebrochen, liefen sie einzeln nacheinander und unter totaler Beleuchtung aus. Jede tutete kräftig aus ihrem Typhon zum Abschied, die offenen Decks waren mit Menschen überfüllt, die sich gegenseitig zuwinkten. Die einsame und nur spärliche beleuchtete Germania beantwortete jeden Gruß mit einem dezenten Ton. Sie ähnelte einem Geisterschiff. Die illuminierten Kreuzer glichen funkelnden Diamanten, aufgereiht auf einer Perlenschnur. Schließlich lag nur noch die Germania im Hafen und verbrachte eine einsame Nacht.

In den frühen Morgenstunden kehrte die Crew zurück an Bord. Gegen Mittag waren alle neuen Passagiere eingetroffen und sie verließ die Kanarischen Inseln. Sie nahm zunächst Kurs Richtung Nord und drehte dann in Höhe der Insel Teneriffa backbord bei. Deutlich sah sie die Dein Dampfer 4 im Hafen von Santa Cruz liegen. Ihr war es, als ob auch sie zu ihr hinüberschaute. In diesem Moment hissten die Bootsleute die australische Flagge. Ihr nächster Zielhafen, den sie in knapp dreißig Tagen erreichen würden, war Sydney.

20 Jahre

Die zwei Frauen betraten das Schiff im Hafen von Dubai. Auf dem Weg vom Flughafen nahmen sie nur kurz Notiz von der beeindruckenden Skyline aus Glas, die in der Sonne schimmerte. Die Jüngere von ihnen redete ununterbrochen in Englisch auf den Taxifahrer ein. Dass dieser nicht antwortete, weil sie eine Frau war, schien sie nicht zu bemerken. Sie war nervös und musste sich ablenken. Die Ältere starrte mit einem verbissenen Gesichtsausdruck aus dem Fenster. Auf dem Schiff angekommen, betraten sie nach einem schnellen Check-in die modern eingerichtete Balkonkabine. Warme Farben in Orange und Gelb dominierten. Die Frauen begannen sich zu entspannen. Sabine öffnete gleich die Balkontür und als sie den Aschenbecher sah, zündete sie sich gierig eine Zigarette an und ließ sich auf einen der zwei Stühle fallen. Sabine war Mitte vierzig und sah mit ihren langen, schwarzen Haaren noch immer attraktiv aus. Sie hatte die perfekte 38iger Figur und das nach drei Kindern, aber sie tat auch viel dafür. Zwei Mal pro Woche quälte sie sich mehrere Stunden im Fitness-Center. Nun trat auch die zehn Jahre ältere Simone auf den Balkon. Sie rauchte nicht und wedelte daher den aufsteigenden Rauch mit einer Handbewegung weg.

„Ob sie schon an Bord ist?“, überlegte Simone laut.

Auch Simone hatte schwarze Haare, die ebenfalls ihre Naturhaarfarbe waren. Im Vergleich zu Sabine benötigte sie einige Kleidergrößen mehr, aber das tat ihrer Attraktivität keinen Abbruch.

„Weiß nicht, mir auch egal, wir legen um 20 Uhr ab, dann werden wir sie suchen", gab Sabine zurück und blies nun kleine, dezente Kringel in die Luft. Simone nickte.

„Was wollen wir eigentlich sagen, wenn sie dann vor uns steht?", setzte Simone nach.

„Wir machen sie zur Schnecke, aber richtig", meinte Sabine forsch. Und fuhr fort: „Die hat uns doch mindestens 20 Jahre das Beste von Udo genommen."

Udo war das Schlüsselwort, die Ältere begann zu weinen. Schnell stand Sabine auf, löschte eilig die Zigarette und nahm sie in den Arm.

„Wir wollten doch nicht weinen, Süße", sagte sie mit sanfter Stimme. Doch Simone konnte ihre Tränen nicht unterdrücken.

Udo Gassner war neben den schwarzen Haaren eine Gemeinsamkeit der beiden Frauen. Sabine war 15 Jahre mit ihm verheiratet gewesen. Dann trennten sie sich. Der Altersunterschied von zwanzig Jahren passte einfach irgendwann nicht mehr. Anfangs vergötterte sie ihn regelrecht. Sie war ein junges Mädchen, als sie ihn traf und er kam ihr vor wie ein Mann von Welt. Auf alles hatte er eine Antwort, viele Situationen im Leben hatte er schon mal gemeistert und wusste daher Rat. Für sie war es ein Wunder, dass er damals nicht gebunden war. Sie bekamen drei Kinder zusammen und er, obwohl ständig unterwegs als anerkannter Manager eines Chemiekonzerns, wurde ein liebevoller Vater. Nach ihrer Trennung lernte er innerhalb eines Jahres Simone kennen. Sie hatte schon zwei erwachsene Töchter, war geschieden und hatte, bis sie Udo traf, den Glauben an die große Liebe verloren. Sie verbrachte mit Udo vier wunderbare Jahre. Nach den ersten beiden Jahren zogen sie gemeinsam in eine Eigentumswohnung in Wuppertal. Auch zu dieser Zeit war Udo beruflich viel unterwegs. Gern hätte sie noch einmal geheiratet, doch das lehnte er kategorisch ab.

„Wir können doch auch so glücklich zusammen leben", war stets seine Antwort gewesen.

Vor einem Monat verstarb Udo Gassner plötzlich und unerwartet mit Mitte 60 an Herzversagen. Als Simone den Nachlass ordnete, war sie auf Briefe gestoßen, die sie vorher noch nie gesehen hatte. Sie wollte diese zunächst wegwerfen, doch ihre innere Stimme riet ihr, genauer hinzuschauen. Sie las, schüttelte den Kopf. Sah die Daten. Dann fand sie Bilder. Sie suchte weiter und irgendwann hatte sie die ganze Tragweite erkannt. Udo hatte sie betrogen und nicht nur sie. Er hatte auch Sabine betrogen und das zwanzig Jahre, immer mit der gleichen Frau. Nach dem ersten Schock rief sie Sabine an. Diese wollte ihr zunächst nicht glauben, kam aber noch am gleichen Abend vorbei, um sich zu überzeugen. Kopfschüttelnd las auch sie die Briefe. Udo hatte alles aufgehoben. Die Frau war in Sabines Alter und hatte lange schwarze Haare. Sie war keine Schönheit, aber bereits auf den Bildern konnten die Frauen ihre Ausstrahlung spüren.

Aus diesem Grunde waren die Frauen heute von Deutschland aus ins ferne Dubai gereist. Sie wollten diese Frau, deren Name Saskia war, zur Rede stellen. Alleine schon, dass alle ihre Vornamen mit dem gleichen Buchstaben begannen, empfanden sie als Hohn. Sie hatten herausgefunden, dass Saskia eine nicht allzu bekannte Malerin war und derzeit ein mehrwöchiges Engagement auf einem Kreuzfahrtschiff hatte. Sie gab dort Malkurse, machte Vernissagen und moderierte auch wöchentliche Versteigerungen an Bord. Sabine hatte die Kinder bei ihrer Mutter einquartiert. Eine Woche würden sie nun unterwegs sein durch die Emirate. Abu Dhabi und Muscat standen auf dem Programm, aber was die Frauen wirklich interessierte, war zu erfahren, was es mit dieser Langzeitaffäre auf sich hatte.

Die Frauen unternahmen einen ersten Rundgang über das Schiff. Das Club-Konzept begeisterte sie. Überall fanden sie kleine Bars. Auf dem Pool-Deck waren schon recht viele Leute und alle Liegen waren besetzt. Sie gingen weiter. Plötzlich befanden sie sich in der Kunstgalerie auf Deck 11. Hier waren zahlreiche Bilder und Skulpturen ausgestellt. Als sie ein glockenhelles Lachen hörten, erschraken sie. In diesem Moment bog eine Frau mittleren Alters mit langen, schwarzen Haaren um die Ecke, die von einem Mann in Uniform begleitet wurde.

„Das ist sie", raunte Sabine.

„Ja", stimmte Simone mit belegter Stimme zu.

Die Frau stoppte, gab dem Mann in Uniform einen Kuss auf die Wange und sagte: „Lars, wir sehen uns später, ich muss noch die Galerie für heute Abend vorbereiten."

Lars winkte zum Abschied und ging an den beiden Frauen vorbei, die jedes Wort eifrig aufgesaugt hatten. Als er auf ihrer Höhe war, grüßte er mit einem kurzen: „Hallo".

Die Frauen sahen ihm nach.

„Hat sie etwa schon einen Neuen? Udo ist keine vier Wochen unter der Erde! So viele Streifen wie der auf seinem Hemd hatte, war das doch bestimmt ein Offizier", wetterte Simone leise, aber mit wütender Stimme.

Auch Sabine machte ein ärgerliches Gesicht. Dann zog sie Simone mit sich und sagte: „Angriff!"

Saskia stand ahnungslos hinter dem Verkaufstresen. Als sie die zwei Frauen auf sich zukommen sah, lächelte sie und fragte: „Kann ich euch helfen?"

„Wieso duzen Sie uns, das ist ja nicht zu glauben", schnauzte Simone los.

„Wir sind hier auf einem Clubschiff", erklärte Saskia mit freundlicher Stimme, „wir sagen hier alle ‚du' zueinander."

„Ach so", quetschte Simone raus.

„Na, was kann ich nun für euch tun?", fragte Saskia wieder. „Habt Ihr vielleicht Lust, euch in meinen Malkurs einzutragen? Er beginnt morgen früh um 10 Uhr."

„Kann man dort auch Porträtzeichnen lernen? Ich würde so gern ein Bild meines verstorbenen Mannes malen", log Sabine.

„Sicher, das ist möglich", antwortete Saskia, „tragt Euch gleich mal hier mit Namen und Kabinennummer in meine Liste ein."

Nachdem dies vollbracht war, verabschiedeten die Frauen sich von Saskia und schlenderten scheinbar harmlos weiter.

„Ich brauch jetzt sofort einen Drink", jammerte Sabine, als sie außer Hörweite waren, „lass uns an die Heck-Bar gehen."

Simone stimmte zu. In der Bar angekommen, ließen sie sich auf einem Hocker nieder und orderten zwei Margaritas. Inzwischen war es 20 Uhr und das Schiff verließ den Hafen von Dubai. Die über der Stadt untergehende Sonne ließ die eindrucksvollen Wolkenkratzer nun in einem rötlichen Licht erstrahlen. Die Frauen schauten einige Zeit dem spektakulären Sonnenuntergang schweigend zu.

„Morgen werde ich Udo malen. Und wenn ich ihr das Foto zeige, dann muss sie ja reagieren", sagte Sabine.

Sie hatte fast den ganzen Cocktail auf ex getrunken und bedeutete dem Barkellner, noch einen zu mixen.

„Ja, und dann?", fragte Simone, „was dann?"

„Nach dem Kurs stellen wir sie zur Rede, ich bin gespannt, was sie uns zu sagen hat", bestimmte Sabine.

Am späteren Abend traf Saskia ihren Freund Lars noch auf einen Feierabenddrink in der Crew-Bar. Sie hatte die

Frauen sofort erkannt. Zwanzig Jahre hatte sie sich Bilder von ihnen ansehen müssen. Nachdem sie ihre Namen auf dem Anmeldeformular gelesen hatte, war sie ganz sicher. Als sie Lars davon berichtete, schaute dieser besorgt drein.

„Du bist doch hier, um das alles zu vergessen", sagte er und nahm sie liebevoll in den Arm.

„Ja", antwortete Saskia, „aber anscheinend kann man nicht vor dem Leben davon laufen. Ich werde mich ihnen morgen stellen, sie sind sicher hier, weil sie

Fragen haben. Ob ihnen meine Antworten gefallen werden? Ich glaube eher nicht."

„Du weißt ja, wo du mich findest, wenn du Hilfe brauchst", gab Lars zurück.

Saskia kuschelte sich dankbar an seine Schulter.

Pünktlich um 10 Uhr am nächsten Morgen startete Saskia mit leichtem Herzklopfen ihren Malkurs. Sabine und Simone saßen in der ersten Reihe, die Arme verschränkt vor der Brust. Zunächst vermittelte Saskia allgemeine Theorie-Kenntnisse. Insgesamt hatte sie zehn Teilnehmer an diesem Morgen. Nach der Theorie forderte sie alle Teilnehmer auf, sich einen der vorhandenen Bilderrahmen zu nehmen. Sie waren noch leer, ohne Inhalt. Die Gruppe ging über Deck und Saskia forderte die Teilnehmer auf, den Rahmen auf Objekte zu halten, die sie vielleicht malen möchten. Das würde ihre Bildwahrnehmungen schärfen.

„So ein Quatsch", raunte Sabine Simone zu, „ich weiß doch, was ich malen will."

„Psst", machte Simone, „ich finde, sie macht das gar nicht so schlecht und ich suche noch ein Motiv."

Entsetzt zog Sabine die Augenbrauen hoch, sagte aber weiter nichts. Nach dieser Übung ging es zurück in den Kursraum. Saskia verteilte Farbe, Pinsel und Papier und die Ersten versuchten mutig ein paar Striche.

Sabine rief Saskia zu sich.

„Ich möchte gern ein Porträt meines verstorbenen Mannes malen", erinnerte sie.

Sie zog das Foto von Udo aus der Hosentasche und hielt es Saskia unverblümt unter die Nase. Simone, die rechts neben ihr saß und dabei war, den Schornstein des Schiffes zu skizzieren, hielt hörbar die Luft an.

„Natürlich, das ist möglich", lächelte Saskia und gab Sabine mit ruhiger und sachlicher Stimme eine kurze Einweisung zu Porträtzeichnungen.

Sie reagierte in keiner Weise auf das Bild.

„Die ist ja noch durchtriebener, als wir meinten", dachte sich Sabine, tat aber so, als würde sie Saskia intensiv zuhören, denn sie nickte manchmal zu ihren Erläuterungen. Simone suchte hilfesuchend Blickkontakt zu Sabine, doch diese schaute stur auf die Staffelei vor sich. Als die Malstunde zu Ende war, hatten die meisten Teilnehmer schon viel Farbe auf ihr Papier gebracht. Simone war trotz allem ein sehr schöner Schiffsschornstein gelungen. Besonders das Logo der Reederei, welches aus vier Buchstaben bestand, leuchtete ihr vom Papier entgegen. Sie lächelte das erste Mal, seitdem sie an Bord gekommen war, als sie es betrachtete. Sabines Porträtzeichnung hatte wenig Ähnlichkeit mit Udo Gassner. Es hätte jeder x-beliebige Mann sein können.

„Was machen wir jetzt?", wisperte Simone aufgeregt zu Sabine hinüber.

„Wir warten, bis alle gegangen sind und stellen sie dann zur Rede", kommandierte Sabine.

Saskia hatte nichts anderes erwartet. Als der letzte Teilnehmer den Raum verlassen hatte, trat sie zu den Frauen.

„Ihr seid wegen mir hier und nicht wegen der Malerei", stellte sie mit fester Stimme klar.

Die Frauen blickten sie überrascht an.

„Ich muss hier noch ein wenig aufräumen, denn der Yoga-Kurs findet hier in einer halben Stunde statt."

Saskia blickte auf ihre Uhr.

„Wir können uns gleich im Café Mar treffen, wenn Ihr mögt, sicher gibt es Fragen, die muss ich wohl nun beantworten."

Sabine und Simone waren so perplex, dass sie einfach nur nickten und wortlos den Raum verließen. Sie gingen schon mal vor ins Café Mar und bestellten zwei Cappuccino und zur Sicherheit noch zwei Grappa dazu.

„Die weiß genau, wer wir sind", jammerte Simone und seufzte: „Die hat uns ausgetrickst."

„Ruhe bewahren", meinte Sabine, leerte aber das Schnapsglas mit einem Zug.

Sie warteten und sprachen dabei kein Wort. Jede war für sich zu aufgewühlt. Es schien fast so, als ob sie nun, am Ziel ihrer Mission, Angst vor der Wirklichkeit hatten. Simone weinte wieder, Sabine trommelte nervös auf dem Tisch.

Pünktlich dreißig Minuten später bog Saskia um die Ecke. Vor ihrem Tisch blieb sie stehen. Beide Frauen starrten sie mit hasserfülltem Blick an. Saskia nahm sich trotzdem einen Stuhl und setzte sich langsam. Für einige Minuten herrschte Schweigen am Tisch. Dann öffnete Saskia ihre Handtasche und zog ein Foto heraus. Es zeigte sie, Udo Gassner und eine Frau mit langen schwarzen Haaren.

„Das bin ich mit meinen Eltern, es wurde vor über 25 Jahren am Gardasee aufgenommen", sagte Saskia.

Ratlos sahen sich Sabine und Simone an.

„Aber ... als ich Udo damals kennenlernte, da war er doch nicht verheiratet", meinte Sabine mit stockender Stimme und ergänzte: „Und er hatte doch kein Kind."

„Er hatte beides und hat uns für dich, eine Jüngere, verlassen. Meine Mutter wurde daraufhin sehr krank und verstarb früh. Aber zu mir hielt er den Kontakt. Wir haben uns oft getroffen in den Jahren, er war ja viel unterwegs.

Aber er hat mich immer gebeten, dass ich mich aus seinem neuen Leben, wie er es nannte, heraushalte. Den Wunsch habe ich bis heute respektiert."

Nach Saskias Ausführungen herrschte am Tisch betretenes Schweigen.

„Dann wusstest du immer alles, auch über uns Frauen?", wollte Simone wissen.

„Natürlich", stimmte Saskia zu.

„Entschuldigung", murmelte Sabine, „ich wusste wirklich nichts davon."

„Das weiß ich doch", sagte Saskia, mit Tränen in den Augen, „ihr fühlt Euch von Papa belogen, irgendwie hat er aber auch sich selbst betrogen, oder?"

„Unglaublich", antwortete Sabine.

„Ungerecht", fand Simone.

„Das letzte Mal traf ich Papa vor einem halben Jahr in München", begann Saskia zu erzählen.

„Wir waren abends beim Italiener essen. Ich verabschiedete mich recht früh, denn ich wollte noch mit dem Zug zurück nach Nürnberg fahren. Dann war mir noch etwas eingefallen, was ich ihn vergessen hatte zu fragen. Gleich neben dem Italiener war sein Hotel. Er hatte mir gesagt, dass er noch einen Schlummertrunk an der Bar nehmen wollte. Also ging ich dorthin. Doch als ich eintraf, saß er nicht alleine dort. Warum auch immer, habe ich heimlich ein Foto mit dem Handy gemacht und bin dann ungesehen wieder gegangen. Ich wollte ihn nächstes Mal dazu befragen, doch dazu kam es nicht mehr."

Saskia kramte ihr Handy aus der Handtasche und zeigte den Frauen die Aufnahme, die sie damals gemacht hatte. Auf dem Foto war deutlich Udo Gassner zu sehen, Arm in Arm und sehr vertraut mit einer attraktiven Frau, mindestens zwanzig Jahre jünger als er, mit langen schwarzen Haaren.

Trelleborg
Ostsee
3

Drei Mann auf einem Boot

Alles war für meine Überfahrt nach Trelleborg gerichtet. Drei Begrüßungsschreiben lagen bereit. Ich erwartete Hans Richter, Karl-Heinz Wunder und Dr. Josef Melzer. Das vierte „Herrenbett“ würde bei dieser Reise leer bleiben. „Ich“ bin übrigens die Kabine Nummer 12. Meine Tour über die Ostsee dauert immer 9,5 Stunden. Hans Richter betrat mich gegen 19 Uhr als Erster. Bekleidet mit einem vornehmen Anzug, betrachtete er meine spartanische Einrichtung argwöhnisch. Aber noch entgeisterter als auf mein Mobiliar, sah er auf meine zwei Doppelstockbetten. Da öffnete sich die Kabinentür und der Zweite trat ein.

„Moin, ik bün Kalli“, sagte ein Mann, der mit einem gelben Sweatshirt, auf dem das Zeichen der Deutschen Post prangte, und mit einer Jeans bekleidet war.

„Hans Richter“, bekam er mit gestelzter Stimme zur Antwort.

„Kalli langt“, gab dieser selbstbewusst zurück, nicht ohne auf den teuren Anzug seines Gesprächspartners zu schielen.

Hans zog unterdessen umständlich sein Sakko aus und hängte es über meinen einzigen Stuhl. Kalli spähte aus den Augenwinkeln auf das Etikett. Ungeniert griff er in seinen Rucksack, entnahm einen Flachmann und trank einen kräftigen Zug.

„Ahhhhhhhhh“, machte er und fuhr fort: „Endlich bün ik weder tu Huus.“

Hans zog fragend die Augenbrauen hoch. Kalli schraubte den Flachmann zu und versenkte ihn wieder sorgsam im Rucksack. Dann sagte er: „Ik mok all Johr disse Tour, dat is mien Urlaub, wat blifft en olen Postrentner ok öber.“

Hans nickte und wusste nicht warum.

„Slöpst du lever baben oder ünnen?“, fragte Kalli gut gelaunt.

Hans zuckte zusammen. Er, 71 Jahre, Manager im Ruhestand, war seit zwei Jahren Witwer und lebte im Edelaltersheim von Travemünde. Gerade fragte er sich, ob er mit dieser Buchung einen Fehler gemacht hatte. Doch ihm war keine Wahl geblieben. Seine Tochter hatte ihn unvermittelt damit konfrontiert, dass sie in Ystad heiraten würde und darauf bestanden, von ihm zum Standesamt geführt zu werden. Er, der im Alter mit chronischer Flugangst zu kämpfen hatte, sah keinen anderen Weg nach Schweden zu gelangen. Diese „Herrenkabine“ war die letzte Vakanz auf dem Schiff gewesen, um pünktlich dort zu sein.

„Unten“, murmelte Hans und versuchte sich vorzustellen, was seine Gerlinde jetzt gesagt hätte.

Sie starb an Krebs und fehlte ihm seitdem unendlich.

„Prima“, sprach Kalli, „ik slaap denn baben.“

Munter warf er seinen Rucksack auf das Oberbett. Dann schwang er sich – für seine immerhin 75 Jahre noch rüstig – auf die Leiter und setzte sich auf das Bett.

„Mal abtöven keen noch kümmt“, brabbelte er aufgeregt.

Hans starrte Kalli ungläubig an. Ich meinte, seine Gedanken lesen zu können: „Wie? Noch einer?“. Kalli öffnete unterdessen erneut seine Flasche und nahm einen weiteren Schluck. Dann sagte er: „Dien Jack is ja von Boss. Du büst aver fein in Tüüch. Be mi heetst du Hans-Hugo, du büst seker mal’n Manager west.“

Er begann zu lachen. Hans fand das alles weniger komisch und setzte sich nur zögerlich auf die Kante des unteren Bettes.

„Ik bün siet tein Johr Witmann, mien Fru is bi en Autounfall storven. Büst du verheirat?“, fragte er.

Hans, oder Hugo, stand auf und war plötzlich mit Kalli auf Augenhöhe.

„Meine Frau ist vor zwei Jahren an Krebs gestorben“, sagte er tonlos.

Kalli hielt ihm den Flachmann hin, Hans-Hugo trank einen Schluck. Kalli klopfte ihm aufmunternd auf die Schulter und murmelte etwas von Leidensgenossen. Wieder öffnete sich meine Tür und Nummer drei trat ein. Als er die zwei anderen Männer sah, verglich er meine Kabinennummer mit seinem Ticket-Voucher.

„Kumm rin“, rief Kalli mit fröhlicher Stimme und Hans-Hugo setzte trocken nach: „Nun sind die drei Mann auf einem Boot wohl komplett.“

Kalli johlte los. Josef fasste sich schnell, schließlich war ihm, als ehemaligen Pastor, nichts Weltliches fremd.

„Dr. Josef Melzer“, stellte er sich formvollendet und mit einer angedeuteten Verbeugung vor. Kalli blieb das Lachen in der Kehle stecken: „Büst du en Doktor?“, fragte er angstvoll. Den anstehenden Arztbesuch hatte er nämlich seit mindestens fünf Jahren schon aufgeschoben.

„Nein“, gab Josef zurück, „ich bin Doktor der Theologie und habe als Pastor gearbeitet. Ich bin aber schon seit ein paar Jahren im Ruhestand.“

Kallis gute Laune kehrte sofort zurück.

„Dor in de Kommod ligt en Bibel, aber nich, dat du uns egalweg en Vers vorlesen deist. Bi me heetst du jetzt Dokter Josef.“

Kalli trank schon wieder aus der Flasche. Hans-Hugo schritt derweil mit steifem Schritt auf Josef zu und übernahm eine korrekte Vorstellung seiner und Kallis Person. Josef lächelte. Wie zu sich selbst sagte er: „Und ich dachte, so eine Kabine bucht niemand, ich bin davon ausgegangen, alleine zu reisen."

Kalli schüttelte sich vor Lachen, Hans-Hugo fragte Josef, was ihn nach Trelleborg führe. Dieser berichtete, dass er aktiver Luther- und Reformationsforscher sei und zu einem Kongress eingeladen war.

„Dat is ja good", gröhlte Kalli, „en Postminsch, en Studierten und en Pastor, in ene Kabin op de Ostsee ünnerwegens. Dat ist beter as in den Film mit de dree Mannslüd. Un als tohoop sünd Rentners."

Josef fand als Erster die Sprache wieder und sagte mit ruhiger, aber nachdrücklicher Stimme: „Nun, meine Lieben, das Schicksal hat uns hier zusammengeführt, also tragen wir es gemeinsam in dieser Nacht. Meine Idee wäre jetzt, zu Abend zu speisen."

Kalli und Hans-Hugo willigten ein und so verließen die drei ungleichen, älteren Herren gemeinsam meine Kabine Richtung Restaurant. Kalli schwankte schon ein wenig.

Nachdem wir den Hafen von Travemünde pünktlich gegen 22 Uhr verlassen hatten, kehrten sie zurück. Wir passierten gerade erst die Nordermole, doch ihnen musste es zu frisch an Deck gewesen sein. Sie alle schüttelten sich und prusteten. Ihre Gesichter waren ganz rot. Kalli schwang sich wieder auf sein oberes Bett und nahm einen Schluck aus dem inzwischen bekannten Flachmann.

„Ik nehm noch en ut de Buddel", kommentierte er.

Großzügig bot er an, doch Hans-Hugo und Josef lehnten ab. Hans-Hugo packte umständlich seinen Schlafanzug aus und begab sich mit ihm und einem Kosmetikbeutel in Richtung Badezimmer. Geräuschvoll schloss er die Tür. Josef setzte sich auf sein unteres Bett und begann tatsächlich in der Bibel zu lesen. Kalli beäugte das von oben.

„Büst du avends ümmer an't lesen inne Bibel?“, fragte er interessiert.

„Hin und wieder, wenn ich nach Antworten suche“, gab Josef zu.

„Vielleicht hest du bi dat vele Lesen ene Antwort för mi, worüm min Frau bi en Autounfall hät storven is“, kommentierte Kalli plötzlich ernst.

Er hatte den Glauben an Gott verloren und seit der Beerdigung seiner Frau nie wieder eine Kirche betreten. Josef sah auf.

„Mein herzliches Beileid“, gab er mitfühlend zur Antwort.

Kalli schwieg, was ich recht ungewöhnlich fand.

„Ich bin auch alleine“, sagte Josef in die Stille hinein.

Da Kalli keinen weiteren Mucks von sich gab, ergänzte er: „Meine Frau ist auch vor einigen Jahren von mir gegangen.“

In diesem Moment kam Hans-Hugo aus dem Bad. Er trug einen gestreiften Pyjama und hatte seine Klamotten ordentlich über den rechten Arm gelegt.

„Woran ist sie gestorben?“, fragte er mit einfühlsamer Stimme.

„Na, sie ist nicht tot“, gab Josef zurück und ihm entfuhr ein tiefer Seufzer, als er fortfuhr: „Sie hat mich verlassen.“

„Hä?“, Kalli kehrte zurück in die Gegenwart. „Worüm?“

Erneut seufzte Josef und antwortete: „Als ich in den Ruhestand ging, war ich natürlich immer zu Hause, das war ihr nach achtunddreißig Jahren Ehe zu nahe. Sie meinte, ich rede immer nur zu ihr als Pastor von der Kanzel, nie als Mann. Rede ich denn noch heute wie ein Pastor?“.

Kalli und Hans-Hugo wechselten einen Blick und begannen zu lachen. Josef schaute betrübt drein. Hans-Hugo klopfte ihm kumpelhaft auf die Schulter und sagte: „Mein Lieber, du bist ok, so wie du bist."

Josef strahlte. Ich vermutete, dass er schon lange keine anerkennenden Worte mehr gesagt bekommen hatte. Nun wechselte Josef ins Bad. Als er zurück in die Kabine trat, war Hans-Hugo gerade dabei, von einem guten Whisky, den er vorhin im Fährterminal eingekauft hatte und welcher eigentlich für zu Hause bestimmt war, auszuschenken. Kalli, der den Weg ins Bad nicht mehr schaffte, sich aber über den edlen Schluck freute, klatschte in die Hände.

„Auf uns, und dass wir uns getroffen haben", sagte Hans-Hugo mit getragener Stimme.

„Meine Lieben, die Wege des Herrn sind manchmal unergründlich und dann doch so klar. Wir sollten uns begegnen", gab Josef zum Besten.

„Amen", lallte Kalli und mit einem Lachen stießen alle gemeinsam an.

Nachdem sie ihre Gläser mit einem Zug geleert hatten, krochen sie unter ihre Bettdecken und schliefen sofort ein.

Kalli erwachte gegen 5 Uhr, schlich leise ins Bad und erledigte seine Morgentoilette. Ich staunte, einen Kater schien er nicht zu kennen. Als er wieder in den Schlafraum trat, sah er, dass Hans-Hugo und Josef noch tief und fest schliefen. Speziell der vornehme Hans-Hugo, schnarchte wie ein Bär. Kalli grinste und verließ leise meine Kabine. Als er zurückkehrte, ich fragte mich insgeheim, was er wohl gemacht hatte, denn Frühstück gab es im Restaurant erst jetzt, waren die anderen wach.

„Kalli", sagte Josef und konnte es nicht unterlassen, ihn liebevoll in die Arme zu schließen, „wir waren schon in Sorgen um dich."

Hans-Hugo nickte zustimmend.

„Quatsch“, kommentierte Kalli, „ik heff mi die See bekeeken. Ik wull sehn, wat dor all so rümswemmt. Wi wöllt jetzt fröhstücken, ik heff en bannigen Hunger.“

Das ließen Hans-Hugo und Josef sich nicht zweimal sagen und so spazierte das Trio munter gen Restaurant.

Als sie nach einer halben Stunde zurückkehrten, galt es für Hans-Hugo und Josef zu packen. Kalli, der gleich wieder mit der Fähre nach Travemünde zurückfahren würde, schaute bedauernd zu. Der Abschiedsschmerz dieser unterschiedlichen Männer lag so fühlbar in der Luft, dass selbst ich als Kabine traurig wurde. Als alle Klamotten verpackt waren, räusperte sich Hans-Hugo würdevoll und begann, Visitenkarten zu verteilen. Josef schaute dankbar auf die edel gestaltete Karte. Hans-Hugo begann zu sprechen: „Männer“, Kalli zuckte bei diesem spontanen Ausruf zusammen, „das war eine bewegende Überfahrt für mich. Wir sind alle total verschieden, aber wir haben trotzdem das gleiche Schicksal, wir sind im wirklichen Leben allein.“

Josef begann hemmungslos zu schluchzen und nickte eifrig. Kalli nahm vorsorglich und trotz der frühen Morgenstunde einen kräftigen Schluck aus der Flasche. Ich fragte mich insgeheim, ob diese nie leer werden würde. Beide blickten Hans-Hugo gespannt an.

„Und daher“, fuhr dieser mit ernster Stimme vor, „werden wir uns bald wiedersehen. Ich habe ein großes Segelboot, mit dem ich allein ohnehin nicht gern aus Travemünde hinaussegeln mag. Ich lade euch ein, zu einem Wiedersehen und einem richtigen Törn. Nur wir drei Mann auf einem Boot.“

„Einmal um die ganze Welt“, begann Kalli in feinstem Hochdeutsch zu singen.

Dachte ich mir doch, dass sein „Platt“ nur Fassade war.

„Kalli, du kannst ja hochdeutsch“, staunte Josef.

„Ik kam mit", fiel Kalli wieder in seine typische Rolle zurück.

„Ik ok", versuchte Josef auf Platt.

Hans-Hugo strahlte.

„Eenmal üm de Welt und dann gründen wir ne WG", beschloss Kalli mit fröhlicher Stimme.

„Und wir werden nie wieder einsam sein", schlussfolgerte Josef weise.

Hans-Hugo hatte das letzte Wort: „Einmal um die Welt zu segeln, dauert mindestens hundert Tage, wenn ich mir überlege, was uns zusammengewürfelte Runde schon nach einer Nacht verbindet, dann halte ich das nicht für ausgeschlossen."

Offline

Hallo Kreuzfahrer!

Schön, dass du heute auf meiner Geburtstagsseite gelandet bist. Ja, ich bin es, das Internet! Ich staune selbst über die Tatsache, dass ich in diesem Jahr schon meinen 43. Geburtstag feiern darf. Trotz meines Alters, werde ich jedes Jahr moderner, schneller und innovativer. Meine ersten Wurzeln stammen übrigens aus einem Projekt des US-Verteidigungsministeriums und dienten der Vernetzung von Universitäts- und Forschungseinrichtungen. Dass es sich damals um die Schaffung einer Kommunikationsplattform im Falle eines möglichen Atomkrieges handelte, ist nur eine Legende. Aus dem Leben vieler Menschen bin ich nicht mehr wegzudenken. Aus deinem auch nicht? Ach, du wunderst dich, warum ich genau weiß, dass du ein Kreuzfahrer bist? :-) Das Internet vergisst nichts und sieht alles, das solltest du doch wissen! Ich beobachte dich, so wie du mich. Neben meiner Geburtstagsseite hast du die Internetseite deiner Lieblingsreederei und die eines Kreuzfahrtforums aufgerufen. Richtig? Komm, ich lade dich zu einer Gedankenreise ein. Wir gehen gemeinsam „offline“ und kreuzen in eine Zeit, als es mich noch nicht gab. Wir werden erfahren, was du ohne mich versäumen, aber auch ergründen würdest, was dir erspart geblieben wäre.

Beginnen wir mit der Buchung. Eine Seereise war schon immer dein Traum, den du dir damals aber nie hättest leisten können. Infiziert hatte dich die TV-Serie „Das Traumschiff", die du stets mit viel Sehnsucht geschaut hattest. Plötzlich und viel zu früh verstarb unerwartet deine Patentante und hinterließ ihrem einzigen Neffen eine beträchtliche Summe. Der Traum von einer Kreuzfahrt rückte auf einmal in greifbare Nähe. Du solltest es ja schließlich einmal besser haben als sie, die in ihrem Leben nie viel reisen konnte und sich mühsam das Geld durch harte Arbeit in einer Konservenfabrik verdienen musste. Doch sie gewann vor Jahren einmal im Lotto! Nein, keinen Sechser, aber die Hälfte des Geldes investierte sie in eine gute Lebensversicherung und diese kam mit dem Todesfall jetzt zur Auszahlung. Dass die Reise im Sinne von Tante Lisbeth gewesen wäre, hast du dir so lange eingeredet, bis du schließlich davon überzeugt warst. Stimmt vielleicht auch. Auch sie schaute damals begeistert „Traumschiff". Natürlich auch „Dallas", „Denver-Clan" und „Die Schwarzwaldklinik", aber nun laufen wir Gefahr, zu weit abzuschweifen. Ohne mich hättest du dich jetzt in ein Reisebüro begeben, um unendlich viele Kataloge zur Information zu holen. Vielleicht hätte der nette Reisebürofachmann dich auch noch kurz beraten. Nachdem du abendelang die Kataloge mühsam studiert hast, triffst du endlich eine Entscheidung: Nach Südamerika soll es gehen, denn Tante Lisbeth liebte Pinguine und mit der Reise willst du ihrer gedenken. Der Reisebüroangestellte ist glücklich, als du ein paar Tage später wieder in der Tür stehst, um zu buchen. Er war leider noch nie in Südamerika und hat daher nur ein paar grobe Tipps.

Wieder zu Hause angekommen, hast du das Bedürfnis, deine Kreuzfahrtbuchung kundzutun. Es gibt kein Facebook, daher greifst du zum Telefon, doch leider ist keiner deiner Freunde zu Hause :-(.

Ziemlich traurig, dir täte aufgrund der hohen Investition nun einige „gefällt mir" sehr gut. Um nicht noch mehr Geld auszugeben, begibst du dich in die nächste Bücherei und leihst ein paar Bücher über Argentinien, Chile und Brasilien aus. Die Dame an der Ausgabe ist jetzt dein Opfer.

„Ich habe nämlich gerade eine Kreuzfahrt nach Südamerika gebucht", erklärst du wichtig.

Sie schaut neidisch und antwortet schnippisch: „Wenn Sie die Bücher nicht genau heute in vier Wochen wieder abgeben, kostet es eine Gebühr."

Du nickst und denkst: „Doofe Kuh."

Zu Hause wird erneut zum Telefon gegriffen, aber noch immer ist keiner erreichbar. Einsam blätterst du in den ausgeliehenen Büchern. Wie gern würdest du dich jetzt mit anderen Kreuzfahrern austauschen! Du bist dir unsicher, ob man tatsächlich in Rio de Janeiro alleine auf den Corcovado fahren sollte oder nicht doch den angepriesenen, aber teuren Ausflug der Reederei nehmen sollte. Auch die Pinguine stellen dich vor ein Problem: Laufen sie wirklich frei umher oder sind die Aufnahmen in der Kolonie gemacht worden, die im Buch kurz erwähnt wurde? In dem Falle müsstest du dich wiederum für den hochpreisigen Ausflug entscheiden.

Am Abend, in deiner Stammkneipe, kannst du endlich von der großen Reise berichten. Der Wirt schaut skeptisch: „Wird man dort nicht ständig auf offener Straße überfallen? Es kam gerade im Fernsehen ein Bericht über Buenos Aires!", merkt er kopfschüttelnd an.

Deine Freunde schauen auch ein wenig zweifelnd.

„Da habe ich aber wirklich Angst, wenn du da so ganz alleine bist", sagt eine Freundin.

Die Gedanken hast du dir auch gemacht, gibst es aber nicht zu. Was würde dir jetzt ein Kreuzfahrtforum mit lauter Gleichgesinnten gut tun. Man könnte schon mal schauen, wer alles die gleiche Reise gebucht hat. Ebenso würden hilfreiche Tipps von anderen Kreuzfahrern zu lesen sein, die schon in Südamerika waren. Frustriert gehst du nach Hause und ins Bett :'(!

Ein paar Wochen später geht die Fahrt los. Du stehst am Flughafen und hast ein Schiffsticket in der Hand, welches von der Reederei noch auf der Schreibmaschine gefertigt wurde. Das „E" ist schon ein wenig verblasst. Nach einer Stunde Wartezeit am Check-in-Schalter, alles wird noch von Hand eingebucht, freust du dich aber wieder. Obwohl ein Mittelplatz in der letzten Reihe die Ausbeute war. Und das bei 12 Stunden Flug! Misstrauisch beäugst du die wartenden Personen. Zwei ältere Damen, die während der ganzen Zeit aufgeregt und ziemlich laut miteinander sprechen, wecken kurz deine Neugier. Du denkst: „Na, die werden doch wohl nicht auch mit meinem Schiff fahren?"

Wie schön wäre es doch, jetzt schon eine nette „Sie" zu treffen, die das gleiche Reiseziel hat. Doch du hast Pech, nicht nur, dass die zwei Frauen natürlich auch deine Kreuzfahrt gebucht haben, sie sitzen sogar den ganzen Flug rechts und links von dir und als die Maschine endlich in Rio landet, kennst du nicht nur ihre Vornamen, sondern auch die langen Lebens- und Krankheitsgeschichten. Die ersten zwei Tage an Bord bist du trotz der vielen Menschen eher einsam. Erst ab Tag drei beginnen die Mitreisenden miteinander zu sprechen. Dich wundert, dass du im Hafen nie andere Schiffe siehst. Gut, ab und an liegt mal ein verpönter Amerikaner da, doch ansonsten seid ihr allein. Dir fällt auf, dass zum Ablegen oft ganze Menschentrauben an Land stehen und winken. Die Kreuzfahrt ist noch etwas Besonderes, Einzigartiges. Dir gefallen die Decks aus Teakholz und nachts knarzt es manchmal in der Kabine. Das Schiff arbeitet, aber du kannst trotz der Geräuschkulisse immer gut einschlafen. Die Sonne lacht zwei Wochen lang vom Himmel, es ist 20 Grad und wärmer. Wie gern würdest du online einen Gruß in die Heimat senden. Aber es bleibt dir nichts übrig, als altmodisch Postkarten zu schicken, die vermutlich erst ankommen, wenn du schon längst wieder zu Hause bist :-0.

Die Pinguine bekommst du zu Gesicht. In dem Moment denkst du an Tante Lisbeth und bist ihr sehr dankbar. Am letzten Tag deiner Reise stellst du fest, dass es doch ein unvergesslicher Urlaub war. Du bist weder ausgeraubt worden, noch hat dich eine Schlange gebissen. Es waren sogar nette Leute an Bord. Umständlich schreibt ihr euch Adressen auf und versprecht, bald zu schreiben und auch Fotos zu schicken. Mindestens 50 % der Leute, die das verkünden, halten übrigens ihr Versprechen nie, aber das wirst du später selbst merken.

Zurück zu Hause, wieder das Gleiche. Du rufst deine Freunde an, doch keiner ist daheim. Kein Wunder, es ist Montagmittag und alle sind im Büro. Also müssen Gespräche bis zum Abend warten. Doch du hast einen heftigen Jetlag, schläfst am Nachmittag ein und erwachst erst am nächsten Morgen wieder ;-)!

Am darauffolgenden Abend kannst du in deiner Kneipe endlich von der Reise berichten. Alle sind froh, dich wiederzuhaben. Natürlich ist nicht eine einzige Postkarte bisher angekommen. Aber deine Freunde sind frohen Mutes und warten gern ein paar Wochen auf eine Karte aus Südamerika. Tatsächlich treffen diese ein paar Wochen später, pünktlich zu Weihnachten, ein. Sogar drei der zehn Mitreisenden haben die versprochenen Briefe geschickt. Nun ist es an dir, dafür zu sorgen, dass der Kontakt zumindest zu diesen nicht abbricht.

Na, mein lieber User? Ist dir manchmal bei unserer Gedankenreise kalt der Schweiß den Rücken hinuntergelaufen? Das ist gut so, denn so weißt du mich künftig noch mehr zu schätzen und meckerst auch nicht mehr, wenn ich einen kurzen Aussetzer habe, was meistens nicht an mir, sondern an deinem gewählten Betriebssystem liegt. Du musst zugeben, meine Vorteile überwiegen doch, oder? Vielleicht denkst du auch daran, wenn du wieder in deinem Kreuzfahrtforum liest und genervt darüber bist, dass „Hanna-Katharina“ erneut die gleiche Route wie du gebucht hat. Oder, wenn du dich zum wiederholten Mal fragst, ob „Kartoffelgesicht52“ Millionär ist oder eine Bank überfallen hat, da er schon die siebte Kreuzfahrt in diesem Jahr plant. Die Büchereigebühren für verspätete Rückgabe, natürlich warst du einen Tag zu spät damit, kannst du ebenso sparen, denn ich liefere dir gern Informationen über alle Reiseziele der Welt. Dein Reisebüro ist auch glücklich über viel kürzere Beratungszeiten und somit sind Kreuzfahrten heute viel günstiger als früher. Nun kannst du schon zweimal im Jahr mit einem Schiff auf Reisen gehen.

Und *last but not least* hört es sich doch wenigstens sportlich an, wenn du in deiner Stammkneipe zu einer neuen Bekanntschaft sagst: „Ich muss los, ich will noch surfen!“

In diesem Sinne grüßt herzlich
Dein Internet :-P

Ausgepackt

„Gut“, sagt sie und drückt ihre Zigarette im Aschenbecher heftiger als nötig aus. Er lächelt versonnen vor sich hin.

Ja, liebe Leser, da bin ich wieder, der fünfzehn Jahre alte Louis-Vuitton-Koffer, der sich gerade mit seinen Besitzern, einem Paar mittleren Alters, auf Kreuzfahrt im Mittelmeer befindet.

Durch meine Schuld, eigentlich war es ja nicht wirklich meine, entdeckte die Ehefrau heute Morgen, als sie mich auspacken wollte, einen ihr fremden Namen auf meinem Anhänger. Der Aufkleber trug den Namen ihres Mannes und dahinter las sie: Thomas Thorn. Die Namen waren mit einem Plus-Zeichen verbunden. Ich wusste davon, da ich mit in Singapur auf Geschäftsreise war, aber was hätte ich tun sollen? Als ob diese Tatsache nicht Drama genug war, sah sie in der täglichen Ausgabe der Bordzeitung, dass genau dieser Thomas hier an Bord war und als Leiter der Reisebetreuung arbeitete. Eben hatte ihr Ehemann berichtet, dass er einen Ausflug mit dem legendären Capri-Taxi gebucht hatte und, dass Thomas Thorn sie begleiten würde. Ich hätte wirklich meinen letzten Gurt darauf verwettet, dass sie nun ausflippte, aber äußerlich wirkte sie ganz ruhig und hatte eben diesem Ausflug zugestimmt. Man muss sich das Gefühl einmal vorstellen, wenn man nach fünfzehn Ehejahren entdeckte, dass man betrogen worden war! Das Schlimmste war vermutlich die Erkenntnis, dass es ein jüngerer *Mann* gewesen war!

Sie geht wieder in die Kabine und bürstet ihre langen, blonden Haare ein wenig zu intensiv. Er steht an der Reling des Balkons und ruft arglos: „Wollen wir vor dem Mittagessen noch einen Cocktail trinken?“

Sie schüttelt den Kopf, antwortet aber mit ruhiger Stimme: „Ja, Liebling.“

Das „i“ zieht sie ein wenig zu sehr in die Länge. Ich sehe meine Besitzer erst am frühen Abend wieder. Von meiner Position unter dem Bett aus kann ich direkt in den Spiegel schauen, der bis zum Boden hinunterreicht. Ein Panoramablick. Nichts deutet daraufhin, dass sie Unstimmigkeiten haben, alles scheint wie immer zu sein. Nur sie ist ein wenig schweigsamer als sonst. Als die Frau sich ins Badezimmer unter die Dusche begibt, liegt er entspannt auf dem Bett. Plötzlich schießt er wie von der Tarantel gestochen hoch und kriecht sehr zu meiner Verwunderung unter das Bett zu mir. Ohne mich jedoch eines Blickes zu würdigen oder wenigstens mal „hallo“ zu sagen, greift er zielstrebig nach meinem Anhänger. Er klappt ihn auf, nickt und versucht mit dem Fingernagel den Aufkleber abzukratzen. Das ist nicht ganz leicht. Unerwartet erscheint sie plötzlich im Zimmer. Von ihm sieht sie nur noch die Beine unter dem Bett herausschauen. Schnell will er hervorkriechen, stößt sich aber gewaltig den Kopf.

„Suchst du was?“, fragt sie scheinheilig.

„Ja“, quetscht er schmerzerfüllt hervor, „den Riss, du meintest doch heute Morgen, der Koffer hätte einen Riss bekommen.“

„Ach so“, antwortet sie scheinbar unbeschwert, greift nach dem Duschgel auf der Anrichte, welches sie vergessen hatte und geht zurück ins Bad.

Er kratzt weiter an dem Aufkleber herum. Er kann ihn nicht komplett entfernen, ein wenig Rückstand bleibt, aber er ist zufrieden. Dann schaut er mich genauer an. Vermutlich sucht er jetzt wirklich den Riss. Bevor er sich zum Abendessen umzieht, streut er die übrig gebliebenen Papierschnipsel in den Mülleimer. Als sie aus dem Bad kommt und sich betont langsam vor ihm ankleidet, sagt er: „So schlimm ist der Riss nicht, das kann ich selbst reparieren."

Ihre Augen scheinen Funken zu sprühen, aber sie antwortet ruhig: „Das glaube ich nicht, da muss ein Fachmann ran."

„Na, wie du meinst", ist seine Antwort.

Ich wundere mich über die Menschen. Sie reden über ein Thema, welches gar nicht existiert. Sie weiß, dass kein Riss da ist und er inzwischen auch. Die Tatsache, dass in mir ein Riss sein soll, hatte sie gestern nur erfunden, um ihn daran zu erinnern, dass ich zuletzt mit ihm auf Reisen in Singapur war. Bevor sie zum Abendessen gehen, verschwindet auch er noch einmal im Bad. Sie will gerade die Verpackung ihrer neuen Strumpfhose in den Müll werfen, als sie die Schnipsel bemerkt. Einsam und allein liegen sie in dem Eimer. Sie nimmt diesen, hält ihn kopfüber und kippt die Schnipsel in ihre kleine Abendtasche, die sie schnell schließt, als er die Badezimmertür öffnet.

„Alles klar?", fragt er.

„Bei mir schon."

Dann verlassen sie die Kabine. Als sie kurz vor Mitternacht zurückkommen, sprechen sie nicht mehr viel miteinander. Er fällt sofort ins Bett und schläft, sie wälzt sich noch lange in dieser Nacht im Bett herum. Gegen 2 Uhr werde ich noch mal wach. Sie hat zu ihrem iPad gegriffen und der Lichtschein strahlt zu mir unter das Bett. Ich kann ihre Schlaflosigkeit verstehen. Sie tut mir leid.

Am nächsten Morgen erreichen wir Neapel sehr früh. Geschickt manövriert der Kapitän uns in die enge Hafeneinfahrt. Das Paar ist schon wach und steht im Bademantel mit einer Tasse Kaffee auf dem Balkon. Neapel klebt am Hang des mächtigen Vulkankraters, des Vesuvs. Von Bord aus kann man in die Stadt wie in ein Bilderbuch schauen. Heute Morgen, es ist Sonntag, ist noch alles ruhig. Auch Capri kann man dank des guten Wetters in der Ferne bläulich silbern glitzern sehen. Sie starrt einen Moment auf die Insel, dreht sich dann zu ihm um und sagt mit fester Stimme: „Du kannst mit Thomas den Ausflug alleine machen. Ihr seid ja in Übung mit Ausflügen."

Dann zieht sie ihre kleine Abendtasche aus dem Bademantel und entleert ihre Handtasche auf dem Balkontisch. Die Schnipsel werden sofort von dem leichten Wind verweht.

„Es ist nicht so ...", weiter kommt er nicht, weil sie ihn nun mit lauter Stimme unterbricht: „Wie du denkst. Na, klar, es ist ganz normal, dass mein Mann sich nach Jahren mal mit etwas Jüngerem vergnügen will. Aber musste das ausgerechnet ein Mann sein?"

Nun lacht sie höhnisch, er schaut betreten zu Boden.

„Ich, ich bin nicht schwul, nicht richtig jedenfalls", stottert er herum. „Ich habe Thomas vor einem halben Jahr auf einem Reisekongress getroffen. Irgendwie hat er mich fasziniert. Das kann doch mal passieren."

„Ja, mein Schatz", entgegnet sie nun mit einer wahren Samtstimme, „das kann es, aber dann schleppt man seine Frau nicht auf das Schiff, wo Thommilein arbeitet und bucht auch noch einen exklusiven Ausflug mit ihm."

Er nickt und schaut betreten zu Boden.

„Aber, es ist auch nicht so, wie du denkst", erwidert sie nach einiger Zeit des eisigen Schweigens. „Dein Thomas ist auch nicht richtig schwul, er hat nämlich eine Frau und ein kleines Kind von knapp drei Monaten!"

Nun war es an ihm, entrüstet aufzuschreien.

„Was? Das kann nicht sein! Woher weißt du das?".

„Recherche", sagt sie sehr souverän und deutet auf ihr iPad, welches auf dem Nachtisch liegt.

„Ich konnte nämlich heute Nacht nicht schlafen."

„Was wirst du jetzt tun?", fragt er leise.

Sie nimmt eine Zigarette aus der vor ihr liegenden Schachtel. Er gibt ihr sofort Feuer. Scheinbar nachdenklich bläst sie den Rauch in den blauen Morgenhimmel.

„Ich werde mir einen Friseurbesuch in Neapel gönnen und danach nach Pompeji fahren, da war ich noch nicht."

Ich bemerke, dass sie nicht in der sonst gewohnten „Wir-Form" spricht und halte die Luft an.

„Das meine ich nicht", antwortet er ungeduldig und fährt fort „ich meine wegen Thomas."

„Wir sind morgen in Messina, ich werde heute den exklusiven Ausflug nach Taormina mit persönlicher VIP-Begleitung des Leiters der Reiseabteilung buchen."

Er schaut sie ungläubig an. Sie setzt nach: „Ich will ihn näher kennenlernen, wo er doch auch nicht richtig schwul ist, vielleicht hat er auch ein Faible für ältere Frauen, dann wären wir quitt."

Ist diese Frau cool? Ich bewundere sie. Ich bin mir sicher, dass der Ehemann weder einen schönen Tag auf Capri mit Thomas haben wird, noch, dass er sich im Hafen von Messina entspannen kann. Sie hat sehr geschickt ausgepackt.

54° Nord 8° Ost
Haus Noge

54 Grad Nord, 8 Grad Ost!

Heute sollte der Gast aus dem fernen Amerika kommen. Schon früh kletterte ich auf das Dach des Kapitänshauses und hielt mit einem Feldstecher Ausschau. Nachdem der Sommernebel sich lichtete, der oft im August schon über der Insel lag, ein Vorbote des nahen Herbstes, konnte ich klar erkennen, wie der elegante, weiße Dreimaster sich der Insel näherte und schließlich den Anker vor Rantum warf.

„Erwin, was machst du denn auf dem Dach?“, fragte meine bessere Hälfte, der seit vielen Jahren auf den Namen Paul hörte.

„Der Großsegler ist eingetroffen“, „heute kommt doch der Gast aus Amerika.“

Paul flog zu mir hinauf und setzte sich neben mich auf den Dachfirst. Gemeinsam sahen wir auf das weite Wattenmeer. Paul kuschelte sich liebevoll an mich. Plötzlich öffnete sich die Tür des Hauses und Marie kam heraus. Sie lief hin und her auf dem Rasen, dann erblickte sie uns auf dem Dach. Paul flog sofort zu ihr hinunter.

„Das Schiff von Papas Gast ist eingetroffen, sicher wird er bald hier sein.“

„Kann sein“, sagte sie wichtig, „aber er wird erst abends zum Essen kommen, denn heute Morgen hat Papa mir einen Ausflug ins Aquarium versprochen.“

Paul nickte und strich ihr liebevoll über den Kopf.

„Marie", rief eine Frauenstimme aus Richtung Haustür, „komm, wir wollen frühstücken."

Es war Maries Mutter Sandra. Marie rannte los, kletterte die Stufen der Veranda hinauf und war blitzschnell im Haus verschwunden. Ich flog zu Paul hinunter, der sich auf die Gartenbank gesetzt hatte.

„Die Kleine hofft sicher auf den leckeren Käsekuchen, den Martha gestern frisch gebacken hat", mutmaßte ich.

Der Kuchen hatte mit seinem herrlichen Duft am gestrigen Abend das Haus durchzogen. Im „Haus Erwin" gehörte ein frisch gebackener Kuchen im Rahmen des Frühstücks zur Tradition und das seit über hundert Jahren! Marie war mit ihren Eltern Patrick und Sandra schon eine Woche in „unserem Haus". Sie wohnten in der zweiten Etage im Kapitänszimmer. Das breite Bett, aus alten Schiffsplanken gefertigt, bot genug Raum für die Zehnjährige und ihre Eltern. Die Stühle waren alte Seemannskisten und eine Abseite, die als Schrank diente, war das Gelass für die Kleidung. Überall im Zimmer lagen Muscheln und selbst das Bad bestach in den Farben blau und weiß. Am interessantesten waren jedoch die vielen unterschiedlichen Schiffsmodelle, die unter der Decke hingen und eine unvergleichbare, maritime Atmosphäre zauberten. Aber dies war nur eins der zehn Themenzimmer, wie man sie heute nennen würde. Es gab auch das Schwarz-Weiß-Zimmer, in dem nur diese Farben vorherrschten oder das Friesenzimmer: Ganz in Blau gehalten, mit den typischen, hellen Holzmöbeln. Paul und ich hatten das damals alles so eingerichtet und waren noch heute sehr glücklich, dass der Nachbesitzer lediglich ausgebessert, aber nie das Konzept des Hauses verändert hatte.

Wer wir sind? Wir sind die Vorbesitzer des Hauses. Nachdem wir es vor zehn Jahren aus Altersgründen verkaufen mussten, zogen wir in eine kleine Wohnung in der Nachbarschaft. Leider ereilte uns kurz darauf in der Barderuper Heide ein Verkehrsunfall. Paul bekam die Kurve nicht und raste mit voller Wucht in einen Traktor. Wir waren sofort tot, aber nachdem wir auf dem Friedhof von St. Severin begraben worden waren, saßen wir plötzlich wieder in „unserem" Garten, vor dem „Haus Erwin". Wir waren zurückgekehrt, als Geister. Seitdem frönten wir trotzdem einem schönen „Leben". Wir konnten nach wie vor Anteil an dem Hausleben nehmen und was das Schönste war: Wir waren zusammen. Paul und ich verliebten uns zu einer Zeit, als eine gleichgeschlechtliche Liebe noch verpönt war.

Nach harten Jahren und Kämpfen schufen wir uns unser Haus, klein und fein auf Sylt. Hier liefen wir mit unserem Konzept Türen ein. Besonders freute uns, dass die neuen Besitzer das Haus nicht umbenannten. Sie wären auch dumm gewesen. In „unseren Jahren" hatten sich hier die Promis die Klinke in die Hand gegeben, davon zeugten noch heute die vielen Fotos an der Wand, die immer alle die Widmung „Für Erwin" trugen. Eine besondere Ehre für mich.

Erwachsene konnten uns Geister nicht sehen, aber Kinder und Hunde hatten diese Gabe. Mit Marie freundeten wir uns gleich an. Sie verstand, dass wir Gespenster waren, mit denen nur sie sprechen konnte. Alles war ein großes Geheimnis. Oft spielten wir nachmittags mit ihr im Garten Ball, wobei Paul kein guter Fänger war. Für Außenstehende mag es so ausgesehen haben, als spielte ein kleines Mädchen mit sich selbst. Der neue, sechs Monate alte Hund der Hausherren jedoch war ein Problem. „Balu" sah uns ebenfalls glasklar und bellte, wie stets, wenn jemand das Haus betrat. Wir Geister gingen durch geschlossene Türen. Verzweifelt versuchte die Hausherrin Martha, ihm das abzugewöhnen. Für sie war es nicht erklärbar, warum er bellte, wo doch die Haustür sich nicht geöffnet und keiner geklingelt hatte.

Am Nachmittag kehrten Patrick und Sandra mit Marie zurück in das „Haus Erwin". Aufgeregt erzählte uns die Kleine, welche Fische sie im Westerländer Aquarium bewundert hatte. Sogar ein kleiner Katzenhai war dabei gewesen. Paul strahlte, er hatte schon im Leben eine Schwäche für Kinder gehabt.

„Und gleich kommt Papas Gast aus Amerika", plapperte sie in einem fort. „Zwanzig Jahren haben sie sich nicht gesehen. Schon zum Studium ist er nach Amerika gegangen."

„Und wie kommt es, dass er nun nach Sylt kommt?", fragte ich neugierig.

„Wegen Facebook", erklärte Marie wichtig.

Paul hob fragend eine Augenbraue.

„Na, Papa hat uns hier bei Ankunft auf Facebook markiert und Lars, der eine Nord-/Ostsee-Segelkreuzfahrt unternahm, hatte das gesehen. Da hat er Papa angeschrieben. Sie sind jetzt über Facebook befreundet", erklärte Marie langsamer, als sie unsere Gesichtsausdrücke sah.

Wir konnten das nicht nachvollziehen, aber natürlich freuten wir uns, dass mal wieder ein Gast aus Amerika kommen würde, wenn auch nur abends zum Essen.

„Weißt du noch?", fragte Paul und küsste mich liebevoll auf die Wange, „wie früher auch die großen Stars aus Amerika zu unserem Hausessen kamen?"

Ich wollte gerade mit einer Aufzählung starten, als ein Taxi direkt vor dem weißen Holzzaun hielt, der das ganze Grundstück umspannte. Ein leger gekleideter Mann in den Vierzigern stieg aus.

„Das ist er", kreischte Marie und rannte ins Haus.

Wenig später kam Patrick hinaus und ging mit weit ausgebreiteten Armen auf den Neuankömmling zu.

„Lars!“

Dieser begann zu lächeln und erwiderte herzlich die Umarmung.

„Wollen wir erst mal einen Spaziergang ganz allein in den Dünen machen?“, fragte Patrick.

„Yeah“, kam es gedehnt.

Lars starrte seit seinem Ausstieg aus dem Taxi das Haus ungläubig an.

„Hier wohnt ihr?“, wollte er wissen.

„Ja“, antwortete Patrick arglos, „es ist ganz toll, mal kein großes Hotel, dennoch mit allem Komfort und es ist ein wenig wie nach Hause kommen, da die Hausherren so lieb sind.“

Lars nickte. Schon zog Patrick ihn mit sich fort. Während sie Arm in Arm die Straße hinunter Richtung Strand liefen, schaute Lars sich noch ein paar Mal um. Paul und ich blieben einsam zurück.

„Irgendwie kenne ich den“, überlegte Paul.

„Klar“, gab ich augenzwinkernd zurück, „weil er Ähnlichkeit mit Dean Martin hat.“

Auch Geister müssen mal schlafen und so flogen Paul und ich hinauf zur unbewohnten Dachkammer. Dort hatten wir uns einen Schlafplatz eingerichtet. Allerdings ließen wir es uns nicht nehmen, am Hausessen abends „teilzunehmen“. Als Vorspeise wurde Sylter Schafskäse, mariniert mit einer Knoblauch-Honig-Marinade mit einem Hauch Chili auf grünem Blattsalat gereicht. Marie war schon im Bett und Balu schnarchte in der Küche, so blieben wir unentdeckt. Die Tische im vorderen Bereich waren gedeckt, Paul und ich saßen in der kleinen Holznische nebenan. Lars saß mit dem Rücken zu uns. Wir hörten, wie er Patrick und Sandra schilderte, warum er nach Jahren ins ferne Deutschland gekommen war. Er unternahm eine Segelkreuzfahrt, die ihn bereits ins

Baltikum geführt hatte. Seine Mutter, die schon viele Jahre tot war, flüchtete einst im 2. Weltkrieg über die Ostsee von Danzig nach Dänemark. Das wollte er aufarbeiten. Als er auf der „Platte“ in Zoppot gestanden hatte, war ihm ganz komisch geworden. Nach der Vorspeise servierte die Hausherrin den Hauptgang: Gambas in Öl mit Knoblauch angebraten. Dazu reichte sie Weißbrot. Es roch vorzüglich. Paul, der früher immer das Essen zubereitet hatte, nickte zufrieden vor sich hin. Die Schulfreunde verloren sich in Anekdoten von einst. Nach der Nachspeise, es gab die legendäre „Sylter Rote Grütze“, verabschiedete sich Sandra ins Bett. Die Männer blieben noch bei einem guten Rotwein sitzen und sprachen über ihre Lebensgeschichten, die nicht unterschiedlicher hätten verlaufen können. Schließlich überzeugte Martha Lars dazu, in dem kleinen Balkonzimmer im ersten Stock zu übernachten, denn sein Schiff würde erst morgen Mittag ablegen. Patrick war begeistert und freute sich über ein gemeinsames Frühstück, welches er in allen Facetten anpries. Patrick und Lars blieben bis nach 2 Uhr in der Gaststube. Als Lars zahlen wollte, meinte Patrick: „Du bist mein Gast, schau, hier ist alles unproblematisch, ich trage unsere Getränke einfach in eine Liste ein und morgen setzt der Wirt sie auf die Rechnung.“

Lars stimmte artig zu und sie verließen gemeinsam den Raum.

Nachdem der Raum leer war, rückten Paul und ich in die eigentliche Gaststube vor und genehmigten uns, wie so oft in den ersten Samstagmorgenstunden, noch einen Friesengeist. Das war früher unser Ritual gewesen. Wenn die Gäste in ihre Zimmer gingen, ließen wir gemeinsam den Abend Revue passieren. Umständlich zündete Paul den Schnaps an. Er war überzeugt, ein Friesengeist musste brennen, sonst schmeckte er nicht. Ich fand es eher schade, denn mit dem Anzünden verflogen auch ein paar Promille. Aber brav fügte ich mich auch an diesem Abend meinem Schicksal. Wir sinnierten über den Abend, Paul überlegte zum x-ten Mal, woher er Lars kannte. Plötzlich, nach einer Stunde, öffnete sich die Tür zum Gastraum und Lars trat ein. Paul und ich schauten kurz zu ihm, dann wieder weg. Leise machte er sich am Kühlschrank zu schaffen. In der Hocke inspizierte er ihn gründlich und entnahm eine Flasche Mineralwasser. Gierig schraubte er sie auf und trank einen großen Schluck. Ich ahnte, dass die Gambas in Öl und Knoblauch seinen Durst schürten. Mitten im Trinken stutzte er, setzte die Flasche ab und sagte: „Oh, Entschuldigung, ich ahnte nicht, dass noch jemand hier ist."

Paul und ich erstarrten. Er konnte uns sehen! Ich schaltete als Erster und sagte mit harmloser Stimme: „Na, das macht doch nichts, die Gambas waren von recht feurigem Geschmack, oder?"

Lars nickte und ich war froh, mich an den irdischen Geschmack so gut erinnern zu können. Paul, der sich von dem Schock erholt hatte, ging zum Angriff über: „Setzen Sie sich doch zu uns, wir laden Sie auf einen Friesengeist ein."

Ohne zu zögern kam Lars an unseren Tisch, zog einen Stuhl vor und ließ sich auf ihm nieder. Paul schenkte ihm ein und uns zur Sicherheit nach.

„Sind Sie das erste Mal auf Sylt?", fragte er mit lauernder Stimme.

Lars lehnte sich zurück und schaute eine Weile der Anzünde-Zeremonie zu, die ich dieses Mal zelebrierte. Nachdem wir die Flammen mit einer kleinen Pfanne gelöscht hatten, tranken wir einen Schluck.

„Eigentlich schon", sprach Lars wie zu sich selbst und fuhr fort: „Als ich heute eintraf und das Haus sah, hatte ich ein Déjà-vu. Ich kenne diesen Ort, doch ich weiß nicht woher. Ich konnte mich hier bewegen, als ob ich in meinem eigenen Haus wäre."

Paul grinste, ich war überrascht.

„Doch ich war niemals auf Sylt in meinem Leben, seltsam oder?", fragte Lars in die Runde.

„So etwas gibt es", antwortete Paul selbstsicher und ergänzte: „Sie waren in einem früheren Leben hier."

„Ich heiße Lars", sagte der Gast und wir stießen erneut an.

„Paul, Erwin".

Paul füllte die drei Gläser von Neuem. Lars konnte uns sehen und was ich besonders spannend fand, er merkte nicht, dass wir Geister waren.

„In einem früheren Leben", nahm Lars die Worte auf.

Paul nickte.

„Wie kann ich das genau herausbekommen?", wandte sich Lars fragend an uns.

Paul kratzte sich nachdenklich am Kopf.

„Wir Geis ...", ich verstummte.

Lars blickte mich fragend an, Paul rollte mit den Augen. Nun hätte ich fast „wir Geister wissen darauf auch keine Antwort", herausposaunt. Dabei fragte ich mich insgeheim, warum wir eigentlich Geister waren, hier festsaßen und andere anscheinend wiedergeboren wurden.

„Geistern wir noch einen", meinte ich und ergänzte: Das sagen Paul und ich immer, wenn wir noch einen Friesengeist trinken möchten."

„Ach so", lachte Lars und hielt auch schon sein Glas hin.

Auf Pauls Stirn zeichnete sich seine berühmte Nachdenklichkeitsfalte ab. Ich war mir sicher, er dachte auch über Wiedergeburt nach. Nach dem dritten Friesengeist erhob sich Lars. Paul reichte ihm ein Buch.

„Hier, die Geschichte des Hauses über, ich schätze, fünf Generationen, vielleicht findest du etwas." Lars bedankte sich artig und verließ den Gastraum. Wir blieben zurück.

„Bist du verrückt, er wird merken, dass er mit Geistern getrunken hat", fuhr ich Paul an!

„Ja", gab dieser zurück, „das wird er, aber nach drei Friesengeist liest er heute keine Zeile mehr und morgen ist er weg. Außerdem würde ihm das sowieso keiner glauben."

Paul behielt recht. Als wir kurze Zeit später an Lars' Zimmer vorbeiflogen, auf dem Weg in die Dachkammer, lag er angezogen mit dem Buch auf dem Bett und war eingeschlafen. Das Rollo hatte er nicht heruntergelassen.

Am nächsten Morgen erschien Lars erst gegen 10 Uhr zum Frühstück. Patrick, Sandra und Marie erwarteten ihn schon mit Freude.

„Du musst dich beeilen, dein Schiff legt gegen 13 Uhr ab. Ich fahre dich zum Hafen", sagte Patrick.

„Hm", machte Lars und blickte nachdenklich in seine Kaffeetasse.

„Wohin geht die Reise denn jetzt noch?", fragte Sandra.

„Nur noch zurück nach Hamburg und dann in den Flieger nach Amerika."

Er sah sich suchend im Gastraum um.

„Erwin und Paul haben wohl schon gefrühstückt?".

„Kenne ich nicht", gab Patrick zu.

„Na, die zwei netten alten Herren, die waren doch gestern Abend hier und ...", sein Blick fiel auf die Wand gegenüber. „Da hängt ja sogar ein Bild von ihnen."

Marie stand auf und lief aus dem Raum, aber es kümmerte sich niemand darum. Nun mischte sich der Hausherr ein, der bisher still im Hintergrund geblieben war: „Das sind Erwin und Paul, ihnen gehörte das Haus vor uns, aber sie leben schon ein paar Jahre nicht mehr."

Lars' Gedanken fuhren Achterbahn. Hatte er geträumt? Nein, das konnte nicht sein, deutlich hatte er heute Morgen die Nachwirkungen des Friesengeistes gespürt.

Marie fand uns im Garten. Gemütlich saßen wir auf dem noch taufrischen Rasen.

„Ihr habt mich angelogen, von wegen nur Kinder und Hunde können euch sehen. Lars hat eben alles erzählt", baute sich die Kleine wütend vor uns auf.

Paul hatte die Situation wie immer im Griff: „Kleine, er ist eine Ausnahme, wir waren selbst erschrocken, aber seit heute Morgen weiß ich warum."

„Ach, echt?", fragte ich interessiert.

Marie schaute uns misstrauisch an.

„Kommt mal mit", sagte er und nahm Marie bei der Hand.

Wir stiegen in die Dachkammer hinauf und Paul kramte in der alten, verstaubten Kommode. Schließlich zog er ein fast vergilbtes Foto hervor.

„Das ist der Mann, der 1894 dieses Haus erbaut hat. Denk dir mal den Bart und die Kopfbedeckung weg, wen erkennst du?"

„Lars", schrie sie.

„Ja, genau, ich wusste doch, dass er mir bekannt vorkam", sagte Paul an mich gewandt.

„War er der Besitzer?", wollte ich wissen.

„Nein", erklärte Paul, „er baute das Haus im Auftrag eines reichen Kaufmanns. Dieser hatte das Projekt „54 Grad Nord, 8 Grad Ost" genannt. Es sollte ein Hochzeitsgeschenk für seine jüngste Tochter werden, die damals kurz vor ihrer Hochzeit stand. Einen Tag vor der Fertigstellung verschwand Lars jedoch spurlos von der Insel."

„Warum?", fragte ich.

„Das weiß niemand so ganz genau", berichtete Paul weiter, „aber man mutmaßte später, dass Lars eine

Liebesbeziehung zu eben dieser Tochter unterhielt. Er war aber als Bauarbeiter nicht standesgemäß. Man sagte, er wollte nie das Haus fertig sehen, in dem sie ihr Glück finden sollte."

„Traurig", beklagte Marie.

„Ja, das ist es", antwortete Paul.

„Diese Geschichte hast du mir nie zuvor erzählt", konterte ich.

„Nein?", fragte Paul, „na, du hast dich ja auch wenig für die Geschichte des Hauses interessiert, obwohl es deinen Namen trägt. Das Foto hier stammt übrigens aus dem Nachlass der Tochter. Ich fand es damals bei den Umbauarbeiten gemeinsam mit ihrem Tagebuch."

Paul erinnerte mich mit seinen Worten an die Zeit, als er Feuer und Flamme für dieses alte Haus war. Ich hatte ihn insgeheim für verrückt erklärt, als er beschloss, diese alte Hütte zu kaufen. Doch er blieb beharrlich, ließ umbauen und ein wahres Juwel entstand. Und aus Liebe zu mir benannte er es nach meinem Namen, als es fertig war. Da wurde selbst ich schwach.

„Warum ist Lars zurückgekehrt?", fragte Marie unterdessen pragmatisch.

„Ich weiß nicht", sagte Paul, „aber es muss eine tiefere Bedeutung haben.

Wir hörten die Haustür und Marie wurde zur Verabschiedung von Lars in die Diele gerufen. Paul und ich spähten aus dem kleinen Dachfenster. Nur zögernd stieg Lars in das Auto zu Patrick und als dieser anfuhr, blickte Lars zum Haus, bis es außer Sichtweite war. Am Rantumer Hafen ging alles sehr schnell. Die Männer verabschiedeten sich herzlich und versprachen sich, in engerem Kontakt zu bleiben. Mittels eines Fischerbootes setzte Lars zu dem Großsegler über. Er war der letzte Passagier, der an Bord kam und der Kapitän wies die Mannschaft an, Segel zu setzen. Lars stand oberhalb und konnte die Gespräche auf der Brücke deutlich hören. Mit einem Fernglas suchte er die Küste ab. Nachdem die Matrosen durch eindrucksvolle Läufe über Deck die Segel gehisst hatten, rief der Steuermann dem Kapitän den momentanen Standort zu: „54 Grad Nord, 8 Grad Ost."

Lars zuckte heftig zusammen und vor seinem inneren Auge sah er ein Haus im Bau. Seine Hand, die das Fernglas hielt, zitterte.

„Ich wink' ihm mal, er hat auch ein Fernglas", sagte Paul.

Wir saßen mal wieder auf dem Dachfirst und wollten das Ablegen des Großseglers verfolgen.

„Und, sieht er uns?", fragte ich.

„Ja", freute sich Paul, „er hat gerade zurückgewunken."

Nun, so war mein Paul eben, ich ließ ihn in dem Glauben, sicher winkte Lars der Insel und nicht uns.

Nur zwei Tage später wurde ich eines Besseren belehrt. Paul und ich saßen traurig auf der Gartenbank. Marie war am Morgen mit ihren Eltern abgereist, ihr Urlaub war zu Ende. Wir vermissten das kindliche Leben im Haus. Da hielt am Nachmittag ein Taxi vor dem Tor. Erstaunt sahen wir auf die Straße, denn es hatte sich für diesen Tag kein neuer Gast angekündigt. Aus dem Fond des Taxis stieg Lars. Paul gab einen tiefen Seufzer von sich und ich war gespannt, ob sich nun auch die Frage beantworten würde, warum wir Geister wurden.

Heimkehr

Als ich das Schiff verließ, stand im Hafen ein Gepäckträger zur Verfügung. Der nette, ältere Herr, vermutlich besserte er mit diesem Job seine Rente auf. Er schien meinen wirren und suchenden Blick über die unzähligen Gepäckstücke, die im Cruise Terminal Hamburg aufgebaut waren, zu spüren. Die Koffer waren nach Anhängerfarben sortiert, aber ich konnte meine nicht entdecken. Der Mann trat zu mir und fragte: „Kann ich Ihnen helfen?“.

Dankbar nickte ich und sah endlich meine zwei großen Koffer, die rote Anhänger trugen, sich aber sehr nahe der grünen Zone befanden. Gekonnt lud der Mann sie auf einen Gepäckwagen und schob ihn Richtung Ausgang. Bewaffnet mit meinem Beauty-Case und einer Handtasche folgte ich ihm ergeben. 14 Tage war ich auf Kreuzfahrt gewesen. Sie hatte mich von Hamburg bis hinauf ans Nordkap geführt. Auf der Hinfahrt hatten mich zwei Stopps auf Island begeistert. Ich hatte die berühmten Geysire wirklich gesehen und im Norden war ich sogar mit einem Flugzeug zur Vogelinsel Grimsey geflogen. Dass jeder Sitz dieser kleinen Maschine anders gewesen war und dass auf der Insel die Autos, die uns abholten, durch keinen deutschen TÜV gekommen wären, war mir egal gewesen. Dann das Nordkap, mit Mitternachtssonne und zwanzig Grad! Ich traf Reisende, die mit dem Wohnmobil dort waren. Gestern gab es hier noch Nebel und Regen. Ich konnte das schöne Wetter genießen und natürlich kletterte ich, wie alle anderen Reisenden, die wenigen Steinstufen zur legendären Nordkapkugel hinauf und posierte für ein Foto, welches Reiseleiter Michael gern von mir schoss. Selbst der Geirangerfjord hatte gutes Wetter für uns bereitgehalten. Bei der Einfahrt sahen wir den eindrucksvollen Wasserfall der Sieben Schwestern zwar nur im Nebel, aber als ich auf der Adlerkehre stand, erstrahlten der Fjord und unser kleines Schiff im puren Sonnenschein. In Bergen hatte ich noch schnell gebeizten Lachs auf dem Fischmarkt für zu Hause eingekauft. Nun waren diese traumhaften, unbesorgten Tage an Bord vorbei. Nur mühsam kehrte ich wieder zurück in die Wirklichkeit.

Der Gepäckträger lud meine Koffer in den bereitstehenden Bus ein. Dieser würde mich nun bis nach Bochum bringen. Schnell gab ich dem netten, älteren Herrn ein großzügiges Trinkgeld. Als ich in den Bus einstieg, traf ich viele, nette Mitfahrer wieder. Wir waren in den zwei Wochen eine Gemeinschaft geworden. So verging die Fahrzeit von knapp fünf Stunden schnell, denn gemeinsam schwelgten wir in den Erinnerungen an die Kreuzfahrt. Als ich am Bochumer Zentralbahnhof den Bus verließ, winkten die Mitreisenden mir liebevoll hinterher.

Zu meiner Wohnung nahm ich ein Taxi. Keine zehn Minuten später öffnete ich meine Wohnungstür. Wie albern, ich hatte zunächst statt nach dem Schlüssel nach meiner magnetischen Chipkarte vom Schiff gesucht. An Bord diente diese ja als Türöffner. Als ich eintrat, spürte ich eine große Leere und ich bemerkte wie ungewöhnlich still es war. Kein Meeresrauschen, kein fröhliches Stimmengewirr, nicht einmal das Radio spielte eine dezente Melodie im Hintergrund. Ich zog die Jacke aus, warf sie achtlos auf das Bett im Schlafzimmer und ließ mich auf die gemütliche Couch im Wohnzimmer fallen. Dort lag, ordentlich gestapelt, die Post von zwei Wochen. Meine Nachbarin, der ich wie immer den Briefkastenschlüssel gegeben hatte, wenn ich auf Kreuzfahrt gehe, machte ihren „Job“ wie immer sehr ordentlich. Lustlos begann ich in den Briefen zu wühlen. Die Reklameschreiben warf ich gleich achtlos auf den Wohnzimmerboden. Was sollte ich heute tun? Was lag an? Fast erwartete ich, in der Post die tägliche Bordzeitung „Heute“ zu finden, die das Tagesprogramm enthielt und auch Vorschläge zur Abendgestaltung machte. Es half nichts, ich musste meinen Tag wieder selbst organisieren. Die Stille ging mir auf die Nerven. Ich stand auf und öffnete die Balkontür. Natürlich erwartete mich nun kein Blick auf das Meer, aber ich schaute zumindest in den grünen und liebevoll gepflegten Garten meiner Nachbarin im Erdgeschoss. Sie goss gerade die Blumen. Als sie mich sah, winkte ich und rief hinunter: „Ich bin zurück, Frau Paulus, danke für die Post und das Blumengießen“.

Letztere hatte ich noch nicht eines Blickes gewürdigt, aber wie erwähnt, Frau Paulus war gründlich.

Die Nachbarin ließ die Gießkanne fallen und kam näher. Nun erfuhr ich alle aufregenden Dinge, die sich hier im Hause während meiner Abfahrt zugetragen hatten, im Detail. Die Schmidts im dritten Stock hatten sich endgültig getrennt, sie war letzten Samstag ausgezogen. Er hatte schon eine Neue, die viel jünger aussah! Der Postbote weilte im Urlaub und die Vertretung hätte die Post immer erst gegen 15 Uhr gebracht, was ja ihren Tagesablauf total durcheinanderbringen würde. Außerdem hatte es fast nur geregnet und so konnte sie gar nicht richtig den Garten pflegen. Ich nickte ergeben, heuchelte Interesse vor, aber nach zwanzig Minuten sagte ich: „Ich muss nun auspacken, die Wäsche wartet.“

Dafür hatte Frau Paulus als gute Hausfrau natürlich volles Verständnis und entließ mich, nicht ohne hinzuzufügen, dass ich meine morgen beginnende Treppenwoche nicht vergessen sollte. Ich stöhnte innerlich entnervt auf.

Jede Woche musste im Hause eine Mietpartei das Treppenhaus am Freitag säubern. Ich machte das gar nicht gern, wollte deswegen aber auch nicht aus meiner ansonsten schönen Wohnung ausziehen. An Bord hatte ich „meine“ Ljudmilla gehabt. Sie reinigte stets perfekt meine Kabine. Sie kannte meinen Tagesrhythmus nach kurzer Zeit und so kam es nie zu ungewünschten Störungen auf der Kabine. Auch meine Kleider legte sie ordentlich und sorgsam zusammen. Manchmal, wenn ich von einem Ausflug in die Kabine zurückkehrte, hatte sie aus Handtüchern einen Schwan oder eine Katze geformt. Ich blickte auf mein Bett, dort lag nur die hingeworfene Jacke. Ich nahm sie auf und hängte sie in den Schrank. Plötzlich knurrte mein Magen. Ich öffnete den Kühlschrank, aber außer einer Flasche Sekt, einem kleinen Becher Margarine und einer Senftube enthielt er nichts. Mir fiel der gebeizte Lachs aus Bergen ein. Er musste dringend in die Kühlung. Also ging ich in den Flur, dort hatte ich die Koffer fallen lassen und öffnete den schwarzen, der den Lachs enthielt. Ich überlegte, entschied mich aber, diesen morgen Abend mit Rösti zu genießen. Morgen war Sonntag und zu meiner Freude gab es im Fernsehen „Das Traumschiff“, dazu wäre der Fisch die perfekte Abrundung. Ich blickte auf die Uhr, sie zeigte erst 20 Uhr, ich beschloss, die Sektflasche zu öffnen. Vor dem Abendessen an Bord hatte ich auch immer ein Gläschen getrunken, meistens in der Heck-Bar, von der man wunderbar auf das blaue Meer schauen konnte. Mit dem Sektglas in der Hand ging ich zurück ins Wohnzimmer. Immer noch diese Leere. An Bord hatte mich stets der nette Barkeeper Rickard aus Schweden unterhalten. Er sprach sehr gut Deutsch und interessierte sich immer für meine Erlebnisse des Tages. Hier war niemand. Ich schaltete den Fernseher ein, die Nachrichten begannen gerade im zweiten Programm. Auf dem Couchtisch wühlte ich nach der aktuellen Programmzeitschrift. Leider fand ich keinen interessanten Film. An Bord gab es immer eine tolle Filmauswahl für den Fall, dass man mal keine Lust hatte auf das Programm im Salon. Ich beschloss noch ein zweites Glas Sekt zu trinken. Nebenher schaute ich den Musikantenstadl, es war wirklich grausig. Auf dem Schiff waren die Abende so vielseitig gestaltet und auch die Qualität der Künstler war hervorragend gewesen. Ein Maler, ein Gesangsduo, eine Autorin und ein Zauberkünstler hatten abends ein interessantes Programm geboten. Außerdem waren sie alle sehr lieb und gesprächig gewesen. Sie hatten im Anschluss an ihren Auftritt oft in der Hansa-Bar am Tresen gesessen. Da war auch mein bevorzugter Platz nach der Show gewesen und wir kamen meistens ins Gespräch. Am letzten Abend durfte ich sogar bei einer Showsequenz des Zauberers mitwirken. Das war Unterhaltung gewesen! Der sehr berühmte, aber nicht komische Comedian im Fernsehen langweilte mich dagegen. Wieder knurrte mein Magen, ich hatte das Problem nur zur Seite geschoben, aber nicht gelöst. Es war 21 Uhr und ich beschloss, bei meinem Lieblingsitaliener eine Pizza zu bestellen. Das war nach den ganzen kulinarischen Highlights der letzten zwei Wochen die beste Alternative. Zwar müsste ich mir morgen von Frau Paulus wieder anhören, dass Fast-Food, wie sie auch Pizza bezeichnete, ungesund sei, aber das wäre das kleinere Übel. Angelo, der Inhaber, den ich gut kannte, war selbst am Telefon.

„Ah, Signorina, Sie sind zurück, schönen Urlaub gehabt? Nummer 33 mit extra Käse und Knoblauch wie immer?“

Ich bejahte.

„20 Minuten, Bella. Ciao.“

Um mir die Zeit bis zur Pizza zu vertreiben, sichtete ich dann doch die Post. Die Ausbeute war nicht aufregend. Einige Rechnungen, eine Ansichtskarte von Tante Martha aus Gran Canaria und ein Schreiben vom Schornsteinfeger, der sich für Montag um 10 Uhr ankündigte. Da müsste ich wieder Frau Paulus bitten, denn nach dem Urlaub erwartete mich das Büro schon um 8 Uhr. Schnell schob ich den Gedanken an das düstere Großraumbüro bei der Versicherung und meine im Grunde stupide Tätigkeit dort weg. Kreuzfahrten kosten Geld und mit diesem Job konnte ich sie mir leisten, zumindest einmal im Jahr. Dann keimte plötzlich Freude in mir auf. Ich fand den neuen Katalog für die nächste Saison des Schiffes in der Post! Den hatten sie an Bord noch gar nicht gehabt, lediglich eine kurze Vorschau. Intensiv studierte ich die neuen Routen und Termine. Da ich mit Anfang dreißig keine Kinder hatte, musste ich immer außerhalb der Ferien Urlaub nehmen, aber das machte nichts. Das Baltikum fiel mir sofort ins Auge: Stockholm-Helsinki-St. Petersburg, ich bekam eine Gänsehaut! Gerade wollte ich die Ausflugsziele näher betrachten, als es klingelte. Ich sah auf die Uhr, es war 21 Uhr 30. Als ich die Tür vorsichtig öffnete, sah ich einen dampfenden Pizzakarton. Über die neue Reiseplanung hatte ich das Essen vollkommen ausgeblendet. Als ich aufsah, blickte ich direkt in die Augen eines sehr attraktiven Mannes. Sie waren blau wie das Meer und nur von kleinen Fältchen umgeben. Er schien in meinem Alter zu sein. Ich war überrascht, denn normalerweise bringt Angelo die Pizza immer selbst. Er lächelte. Ich bat ihn herein und ging voran Richtung Wohnzimmer. Er folgte mir, stolperte aber im dunklen Flur über meinen geöffneten Koffer. Der Karton schoss an meinem Kopf links vorbei und klatschte gegen die Wand. Dann öffnete er sich und die Pizza mit extra Käse und Knoblauch verteilte sich unschön auf meinem weißen Ledersofa. Ich drehte mich um und sah den Mann quer über dem Koffer auf dem Bauch liegen und verzweifelt gen Sofa starren. Ich bekam einen Lachkrampf. Er rappelte sich auf und entschuldigte sich unzählige Male. Ich nahm es gelassen hin, ging in die Küche und holte wie selbstverständlich zwei Teller. Auf diese verteilte ich die Überreste der Pizza. Mit feuchten Tüchern versuchte ich, die Überreste des Tomatenmarks zu entfernen, was mir recht gut gelang.

„Sie haben heute meinen Abend gerettet, weil Sie mich zum Lachen gebracht haben", sagte ich zu ihm und schlug mutig vor: „Machen Sie mir die Freude und essen mit mir gemeinsam?"

„Ja, gerne. Ihre Lieferung war die Letzte für heute, es tut mir so leid, ich ...!", stammelte er.

Trotzdem nahm er den Teller entgegen und biss hungrig in die inzwischen kalte Pizza. Ich betrachtete ihn aus den Augenwinkeln und was ich sah, gefiel mir immer besser.

„Sie sind wohl neu bei Angelo?", fragte ich neugierig.

Er nickte, dann deutete er auf den aufgeschlagenen Reisekatalog.

„Ich habe gerade mein Studium der Schiffsbetriebstechnik in Bremerhaven vollendet und muss einige Zeit auf meinen ersten Einsatz an Bord warten. Da kam es mir zugute, dass ein Ausfahrer krank wurde."

Ich war sprachlos. Niemals hätte ich gedacht, am späten Abend einen angehenden Schiffsoffizier in meinem Wohnzimmer zu verköstigen. Ich begann, mich über meine Heimkehr zu freuen.

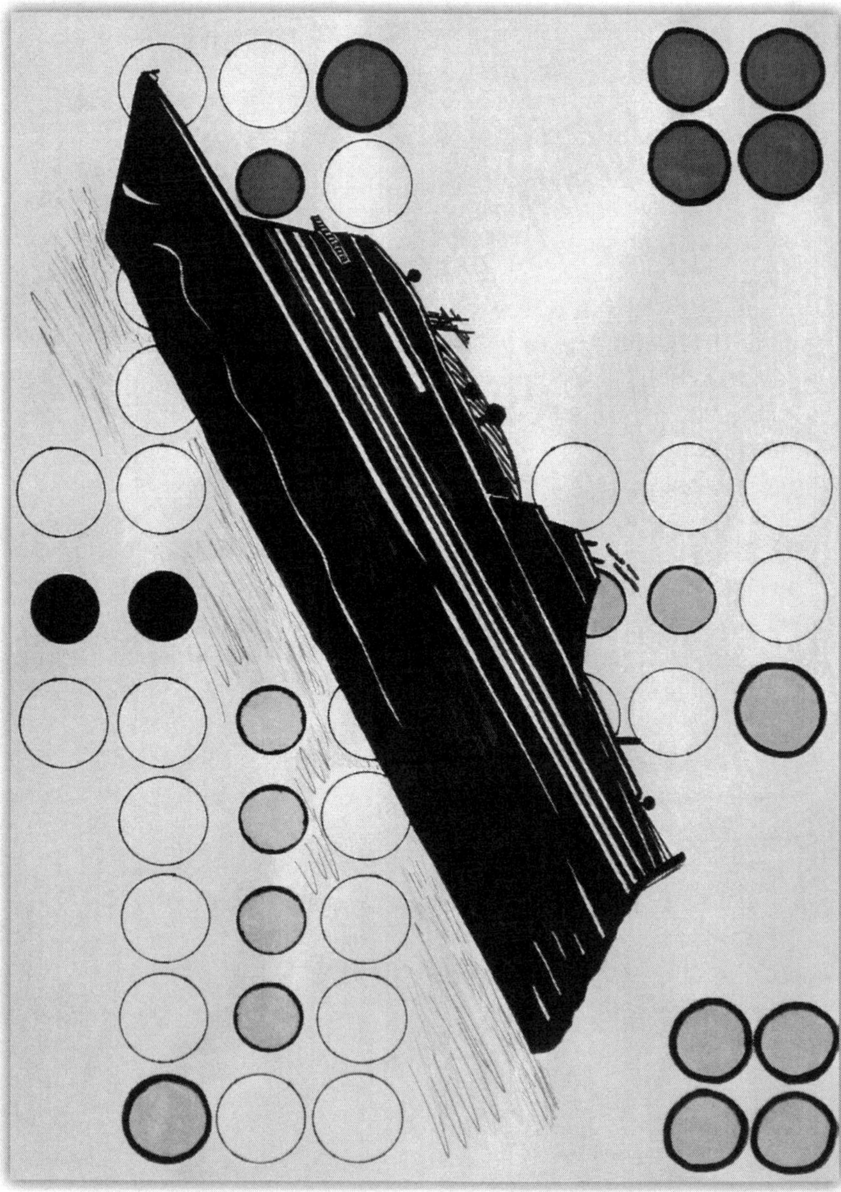

Gesellschaftsspiel

Die morgendliche Nachricht der Reederei schlug wie eine Bombe im Kreuzfahrtforum ein: Das neueste Schiff der Flotte würde zu einer Kurzreise noch vor der offiziellen Jungfernfahrt aufbrechen. Alle SCHWARZEN konnten kostenlos für zwei Nächte an Bord kommen! Immer vorausgesetzt, sie schafften es, sich eine Kabine zu reservieren. Dies sollte über einen Telefonanruf geschehen und war fast so schwierig wie unter Druck bei „Mensch ärgere dich nicht" eine sechs würfeln zu müssen. Schließlich wollte ja keiner von ihnen im Haus bleiben. SCHWARZ, GELB, ROT und GRÜN, das sind nicht nur einfach Farben! Die Reederei hat in den letzten Jahren ein geschicktes Kundenbindungsprogramm entwickelt. Die Farbe unterscheidet die jeweilige Aufenthaltsdauer in Tagen, die Kreuzfahrer bisher an Bord verbracht haben. Für jeden Tag an Bord gab es einen Punkt. Als Gegenleistung bekamen die Gäste Vorteile bei der Buchung, Kabinen-Upgrades und Einladungen während der Reise, z. B. zu Empfängen mit der Schiffsleitung. Die SCHWARZEN waren die hofierten Vielfahrer der Reederei. Sie kamen jedes Jahr mindestens für vier bis sechs Wochen an Bord. Und nun auch noch diese Ehre! Die Arbeit wurde in unzähligen Unternehmen in ganz Deutschland und den angrenzenden Nachbarländern Österreich und der Schweiz niedergelegt. Gab es doch mindestens 6 000 SCHWARZE, doch das Schiff bot nur Platz für 3000! Da musste man schnell sein. Rasch wurde der Ehepartner angerufen, ein Okay musste schließlich eingeholt werden. Dann eben noch die Kreuzfahrtfreunde verständigt, die sonst auch immer mitfuhren. Hätte ja sein können, dass sie es nicht gelesen haben! Undenkbar, ohne sie an Bord zu gehen! Die Telefonleitung der Reederei brach um 10 Uhr 30 zusammen. Die Mitarbeiter würden für die nächsten Tage Überstunden einplanen müssen ...!

Ich möchte zu diesem Ereignis, welches in seinem Ursprung schon ein paar Jahre zurückliegt, den unterschiedlichen Tagesverlauf von einem SCHWARZEN, GELBEN, ROTEN und GRÜNEN an nämlichem Tag erzählen.

Wir beginnen zunächst bei dem SCHWARZEN um 10 Uhr 30.

Der SCHWARZE wählte zum wiederholten Male die Rufnummer der Reederei. Immer noch besetzt. „Sind die alle an Bord, oder wie?", rief er unwirsch.

Er vergaß, dass er sich an seinem Arbeitsplatz in einem Großraumbüro einer Bank befand. Mindestens fünf Kollegen drehten sich erstaunt zu ihm um. Schnell schloss er das Fenster der Webseite auf seinem Computer und lächelte scheinbar unbeteiligt. Doch in ihm brodelte es. Im Kreuzfahrtforum waren bereits die ersten glücklichen SCHWARZEN, die munter schrieben, welche Kabine sie ergattert hatten. Nervös trommelte er mit dem Finger auf dem Tisch. Hätte er gewusst, dass genau in der Leitung, die ihm zugedacht war, ein GELBER hing, dem nur ein Punkt bis zum Status SCHWARZ fehlte und der intensiv versuchte, die Reservierungsdame zu überzeugen, dass er doch dann mit der Reise auch SCHWARZ wäre, hätte er vermutlich den Verstand verloren. Der GELBE hatte ihn geschickt aus der Leitung geworfen und er musste wieder zum Ausgangspunkt zurück. Der SCHWARZE spähte durch das Büro, alle Kollegen hatten die Arbeit wieder aufgenommen. Er klickte das Fenster des Kreuzfahrtforums an seinem Bildschirm wieder hoch. Da schrieb doch eine GRÜNE, sie wäre Single und vielleicht gäbe es einen SCHWARZEN Single, der schon eine Kabine hätte und nicht alleine reisen mag. Sie würde ihn gern begleiten. Sie, 33 Jahre alt, weiblich, würde sich aber auch eine Kabine mit einer Frau teilen. Überhaupt sei sie ganz pflegeleicht. Der SCHWARZE runzelte die Stirn und dachte: „Was will dieser GRÜNschnabel bei uns SCHWARZEN? Wenn es hoch kommt, dann hat sie gerade mal zwanzig Punkte, Frechheit!"

Er selbst verfügte über mehr als 150!

Dummerweise rief in diesem Moment sein Chef an und wünschte ihn in seinem Büro zu sehen. Die Leitung wäre jetzt frei gewesen, aber das wusste er zum Glück nicht. Missmutig machte er sich im Haus auf den Weg zum Boss.

Der GELBE hatte es nicht geschafft, die Reservierungsdame zu überzeugen. Seinen Unmut bekam am Abend die Ehefrau ab. Sie war schließlich schuld, dass sie Silvester nicht an Bord verbracht hatten. Dann wären sie jetzt auch SCHWARZ gewesen. Seit fünf Jahren hatten sie immer die Silvestertour rund um die Kanarischen Inseln gemacht. Doch im letzten Jahr war genau am Vortag das fünfundzwanzigjährige Abiturtreffen angesetzt und seine Frau wollte unbedingt die alten Schulfreunde wiedersehen. Als sie an diesem Abend ziemlich frustriert zurückkehrte, beschallte sie ihn noch Stunden. Alle hätten nur über ihre Kinder und Enkel gesprochen. Dauernd musste sie irgendwelche Fotos ansehen. Sie selbst hatten keine Kinder und für ihre Reisen hatte sich niemand interessiert. Im Gegenteil, sie wurde sogar ein wenig schief angeschaut, denn so was wäre doch sehr teuer. Für eine Familie schon, aber für ein Paar, welches frei planen kann, nicht. Silvester waren sie dann eingeschneit und der geplante Theaterbesuch im GOP konnte auch nicht angetreten werden. Er saß den ganzen Nachmittag vor dem Computer und sah sich die Schiffe an, die nach und nach Madeira erreichten. Er litt. Und heute Abend noch mehr. Beim Abendessen berichtete er von den Neuigkeiten. Sie reagierte eher gelassen.

„Für zwei Tage bis hoch in den Norden fahren, das lohnt sich doch nicht", meinte sie.

Nun war er ganz bedient, zog sich in sein Arbeitszimmer zurück und hörte nicht einmal, als sie ihm leise „Gute Nacht" zurief. Wie auch ... was er alles im Internet las, machte ihn wütend. Da hatte ein SCHWARZER es tatsächlich geschafft, 2 (!) Kabinen zu reservieren und er nimmt nicht etwa einen ehrwürdigen SCHWARZEN mit, der keine Kabine bekommen hatte, sondern zwei Erstfahrer. Gut, es waren seine Eltern, aber das ging doch wirklich zu weit! Es war übrigens der SCHWARZE, der nach dem Termin mit seinem Chef von der Reederei zurückgerufen wurde. Ohne mit der Wimper zu zucken, hat er natürlich gern zwei Kabinen gebucht, denn seine Frau war schließlich auch SCHWARZ und so hatten sie nach seiner Meinung ein Anrecht auf zwei Kabinen.

Der ROTE saß auch gerade vor dem Computer und verfolgte gespannt die inzwischen harten Attacken im Internet-Forum. Er wäre schon gern dabei gewesen, aber er wusste ja, dass es nicht sein kann. Er beschäftigte sich nun damit auszurechnen, wie er die nächsten Jahre SCHWARZ werden könnte. Denn sicher wäre dies keine einmalige Sache. Einige Neubauten würden noch folgen und dann musste er auch an Bord sein. Nach seiner Berechnung müsste es in drei Jahren klappen. Sicherheitshalber recherchierte er schon mal mögliche Touren und stellte auch gleich parallel einen Finanzplan auf. Das

Ergebnis war bedenklich, aber mit diesen „kleinen" Einsparungen wäre es möglich.

Der jährliche Urlaub auf der Nordseeinsel Amrum, eine Woche in einem Appartement, würde künftig entfallen. Hierbei vergaß er allerdings, dass dies das Steckenpferd seiner Frau war, die die gute Nordseeluft schätzte, die unter anderem die Neurodermitis der Tochter heilte und auch ihren Bronchien gut tat. Dann würde man bei den Geschenken zu Ostern, Weihnachten und zum Geburtstag einsparen. Listigerweise kam er auf die Idee, die kommenden Geburtstage von seiner Tochter und der Frau an Bord zu verbringen. Da war die Seereise doch Geschenk genug, oder? Seiner Frau würde er eine günstige Massage spendieren und sein Teenie durfte sich eine, natürlich nur eine, schicke Klamotte in der Bordboutique aussuchen. Er klatschte sich begeistert über so viel Einfallsreichtum auf die Schenkel. Wo könnte man noch sparen? Am Essen! Anstatt wöchentlich sonntags den Italiener im Ort zu besuchen, seine Frau wollte auch mal einen Tag in der Woche nicht am Herd stehen, würden sie nur jeden zweiten Sonntag essen gehen. Dann identifizierte er noch eine weitere, lukrative Sparmöglichkeit. Seine Eltern wohnten gut 70 km entfernt. Anstatt sie alle zwei Wochen zu besuchen, würde er ihnen vorschlagen, nur einmal im Monat zu kommen, dafür sollten sie doch lieber mal häufiger zu ihnen kommen. Seine Tochter hatte ohnehin nicht immer Lust auf Oma und Opa und fuhr immer seltener mit. Kämen die Großeltern aber ins Haus, würden sie die heißgeliebte Enkelin sehen, denn er würde ihr Ausgehverbot erteilen. Ja, mit diesen Maßnahmen rückte der neue Status in greifbare Nähe. Plötzlich öffnete sich die Tür zum Arbeitszimmer und seine Frau trat ein. Liebevoll umarmte sie ihn und fragte: „Was machst du denn?"

„Ich bearbeite unseren Finanzplan", erwähnte er ehrlich.

Sie nickte.

„Ist es nicht langsam an der Zeit, Amrum zu buchen?", fragte sie.

Er erstarrte und murmelte unverständlich etwas vor sich hin.

„Dieses Jahr buchen wir aber dort mal ein Hotel, ich habe die Kocherei im Urlaub satt", sagte sie bestimmt und verließ das Zimmer.

Er seufzte, denn ihm wurde bewusst, es würde ein harter Weg werden, bis er sie alle im Ziel hatte.

Die GRÜNE kippte einen Prosecco nach dem anderen zu Hause auf der Couch. Insgesamt fünf SCHWARZE hatten sich bereit erklärt, sie mitzunehmen! Natürlich waren es alles Männer, aber das war ihr egal. Professionell gelang es ihr, fünf Chatfenster parallel zu bedienen, ohne dass die Männer es bemerkten.

„Eine Nacht ist keine Nacht", dachte sie spitzbübisch und vergaß ganz, dass es ja zwei Nächte waren.

Sie war inzwischen wild entschlossen, heute Abend den besten Kandidaten ausfindig zu machen. Wer weiß, vielleicht gingen sie als Singles an Bord und verließen als Paar das Schiff?

Nummer 3 erschien ihr interessant. Sie hatte die Männer nach der zeitlichen Reihenfolge der Angebote nummeriert. Er wohnte nur 50 km weit entfernt und hatte ein Foto mitgeschickt. Er war zehn Jahre älter als sie, geschieden, keine Kinder und hieß Jan. Das Foto zeigte ihn an der Heck-Bar. Er war groß, schlank, dunkelhaarig und hatte bereits leicht graue Schläfen. Außerdem hatte er ein nettes Lächeln. Nummer 5 schied gerade aus, denn er fragte sie, ob sie ihm seine Anreise per Bahn als Gegenleistung bezahlen würde. Mit einem Klick eliminierte sie ihn. Jan wollte unterdessen wissen, ob sie denn auch mit einer Außenkabine zufrieden wäre, er hätte leider keine Balkonkabine bekommen. Das war ein Mann mit Format! Nummer 4 disqualifizierte sich auch, denn er gestand, dass er zwar eine Balkonkabine bekommen habe, aber er müsste seine Mutter mitnehmen, die leicht dement war. Die GRÜNE schrieb auch ihm ein hartes, kurzes „Ciao". Nummer 1 meldete sich schon seit einer Stunde nicht mehr, obwohl er online war, denn sie konnte sehen, dass er eifrig Beiträge im Forum schrieb.

„Idiot", dachte sie.

Was gab es jetzt Wichtigeres als mit ihr zu chatten? Nummer 2 war auch ganz interessant, denn er hatte eine Suite bekommen. Das würde neben der Reise viele weitere Vorteile an Bord bedeuten. Sie hätte ein extra Restaurant zum Frühstück und müsste sich nicht mit der Masse am Buffet anstellen. Bei Ankunft würde schon eine gut gekühlte Flasche Prosecco auf sie warten. Dass dieser ganze acht Jahre jünger als sie war, interessierte sie nicht. Auch nicht, dass er kein Foto eingestellt hatte. Jan hatte sie soweit, sie musste nur noch „ja" schreiben. Sie wollte aber Nummer 1 nochmal checken. Er war in ihrem Alter und schien nur 10 km entfernt zu wohnen. Da könnte er sie ja mit dem Auto mitnehmen, dann hätte sie auch noch die Anreise gespart.

Während sie seine Beiträge las, stolperte sie plötzlich über einen Beitrag von Nummer 2! Er schrieb: „Mir ist es egal, dass ich nur eine Innenkabine bekommen habe, Hauptsache, ich bin dabei."

Eine INNENKABINE? Rasch beendet sie den Chat mit ihm. Der dachte wohl, sie wäre blond und blöd. Jan fragte nun noch mal nach und sie sagt zu. Er wollte sie gleich morgen in seine Kabine einbuchen. Eifrig mailte sie ihm schnell ihre Passdaten. Das Ziel war erreicht, munter hatte sie mit Sicherheit einige SCHWARZE übersprungen und war im Ziel gelandet! Seelig, wenn auch ein wenig beschwipst, fiel die GRÜNE weit nach Mitternacht glücklich ins Bett.

Soweit zu den unterschiedlichen Geschichten der Farbigen. Mich hat das alles sehr an ein berühmtes Brettspiel erinnert. Das oberste Ziel ist es auch hier, alle am schnellsten ins „Haus“ zu bringen. Man versucht sich zu blockieren, wird hinausgeworfen und die Verbissenheit aller Beteiligten macht sehr nachdenklich.

Ob es der Reederei bewusst war, dass sie mit ihrem Einfall ein „Gesellschaftsspiel“ auslöste? Aber das Konzept scheint aufzugehen, denn dieses „Spiel“ wird schon seit ein paar Jahren immer wieder betrieben, wenn ein neues Schiff die Flotte bereichert. Also ein sehr gutes Marketinginstrument. Die Charaktere der einzelnen Farben sind übrigens frei erfunden und entspringen meiner Fantasie. Ehrlich!

Stonehenge

Petra saß mit ihrer Freundin Tessa im Wohnzimmer. Sie würde nächste Woche zu einer Kreuzfahrt nach Südengland aufbrechen. Petra, die schon oft an Bord eines Kreuzfahrtschiffes gewesen war, geriet ins Schwärmen. Begeistert erzählte sie über das unkomplizierte Leben an Bord und darüber, dass man seinen Koffer nur einmal auspacken müsste und so viel in einer Woche zu sehen bekäme. Tessa hatte drei Kinder und kannte Ferienwohnungen am Mittelmeer und in Dänemark. So ganz konnte sie Petras Begeisterung über Kreuzfahrten auch heute nicht folgen. Doch sie waren schon über zwanzig Jahre befreundet, da hatte man Akzeptanz für die andere Seite entwickelt und manchmal war es auch spannend, in diese fremde Welt einzutauchen.

„Südengland", wiederholte Tessa, knabberte an einer Salzstange und fuhr fragend fort: „Da ist doch dieses Stonehenge, also dieser mysteriöse Steinkreis! Kommst du da auch hin?"

Tessa war ein wenig esoterisch angehaucht und die Geschichte der Steinkreise faszinierte sie schon seit Langem.

„Klar", erwiderte Petra mit stolzer Stimme.

„Aber, der ist doch nicht direkt am Ufer", wusste die Freundin.

„Nein", antwortete Petra, „man muss schon einen Ausflug dahin buchen, es sind ca. 110 Kilometer von Portsmouth. Das ist der Hafen, wo wir anlegen werden."

Tessa schaute fragend drein.

„Warte", gab Petra zurück.

Sie holte ihren geliebten Globus, der auf der Anrichte im Wohnzimmer stand. Er begleitete sie schon seit ihrer Kindheit. Sie schaltete die Beleuchtung an und begann ihn zu drehen, um Tessa die Entfernung zu zeigen. Sie legte den Finger auf den Hafen von Portsmouth.

„Schau und Stonehenge ist ungefähr hier", erklärte sie und maß die Entfernung mit Daumen und Zeigefinger ab.

Als sie die Stelle des Steinkreises auf dem Globus berührte, schlug plötzlich die Wohnzimmertür zu. Ein Windhauch fegte einige Papiere vom Wohnzimmertisch zu Boden. Petra und Tessa sahen sich fragend an. Aus dem Globus heraus stieg eine Wolke auf, die sich zu einer Art Tornado mitten im Wohnzimmer steigerte. Sprachlos saßen die Frauen da, als Petra plötzlich und unerwartet in den Sog geriet. Tessa schrie laut auf, doch der Globus schluckte die Freundin bedingungslos. Jede Gegenwehr war zwecklos.

Als Petra wieder zu sich kam, taten ihr alle Gliedmaßen weh. Sie blinzelte ein wenig, denn die Sonne blendete sie.

Eine Stimme sagte: „Fahren Sie doch bitte die Schutzbrille herunter."

Sekunden später hatten Petras Augen Schatten. Mit den Fingern wollte sie nach der vermeintlichen Brille tasten, doch sie spürte kein Gestell. Als sie die Hand sacken ließ, fiel ihr Blick auf diese. Sie zuckte zusammen. Sie sah die Hand einer uralten Frau. Jetzt nahm sie langsam ihre Umgebung wahr. Sie saß in einer Art Rollstuhl, jedoch ohne Räder. Elegant schwebte er dreißig Zentimeter über dem Boden. Vor sich sah sie ein kleines Cockpit mit unendlich vielen Knöpfen. Sie saß in einem modernen Gleiter!

„Wo und vor allem wer bin ich?", dachte sie.

Neben ihr waren viele dieser Gefährte. Sie drückte einen Knopf und der Gleiter drehte sich um 45 Grad. Sie schaute direkt auf die Steine von Stonehenge! Doch diese waren von einer riesengroßen, durchsichtigen Hülle aus Glas umschlossen. Das Sonnenlicht reflektierte die hellen Steine. Die monoton klingende Roboterstimme, die eben den Brillenhinweis gegeben hatte, klang wieder an ihr Ohr.

„Im Jahre 2073 wurden die Steine von Stonehenge mit einem Glasbau umschlossen. Man hatte Angst, dass das Weltkulturerbe aus dem Altertum aufgrund der kosmischen Belastung zerbrechen könnte. König George Alexander Louis der Erste hat sich damals im Alter von sechzig Jahren massiv dafür eingesetzt."

Petra stockte der Atem.

„Ich bin in die Zukunft gereist", schlussfolgerte sie.

„George war doch gerade erst geboren."

Sie blickte erneut auf ihre Hände, schließlich auch auf ihre Arme. Es waren die Gliedmaßen einer sehr alten Frau.

„Ich muss ja weit über 100 Jahre alt sein und ich sitze in einer Art modernem Rollstuhl", stellte sie fest und sprach zu sich selbst.

Dann fiel ihr wieder ein, dass sie den Globus gedreht hatte und blickte sich suchend nach Tessa um. Der Roboter schwebte auf sie zu. Ein klein wenig sah er aus wie R2-D2 damals aus „Krieg der Sterne", ihrem Lieblingskinofilm aus den 1980er Jahren.

„Alles in Ordnung, Fräulein Petra?", fragte er mit blecherner Stimme.

„Gott, er nennt mich Fräulein, ich habe in meinem Leben nie einen Mann für mich gefunden, nie geheiratet", fuhr es ihr mit Schreck durch den Kopf.

„Ihr Name war noch?", wollte sie wissen.

„G-3702, das G steht für Guide", antwortete er.

„Wo ist denn meine Freundin Tessa?", wollte sie wissen.

„T-e-s-s-a, der Name ist mir nicht bekannt, auf unserem Raumkreuzschiff gibt es keinen Gast mit diesem Namen."

Petra nickte stumm und machte sich Sorgen um ihre Freundin.

„Wir müssen nun zur Basis Portsmouth zurück, Sie scheinen mir ein wenig verwirrt. Ich werde ihren Gleiter steuern", bestimmte er und dockte ohne Mühe an die rechte Seite des Gefährtes an.

Er fuhr einen Greifarm aus, der mechanisch die Cockpittasten bediente.

Petra ließ es geschehen. Der Flug über Land dauerte knapp fünf Minuten. Als sie den Kopf während des Fluges drehte, sah sie, dass mindestens zwanzig Gleiter ihnen folgten. Im Abstand von zehn Metern glitten sie über die Erde. Petra konnte keine Straßen erkennen, nur ab und an Wald und ein wenig gelben Stechginster.

„Wohin fahren wir als Nächstes?", befragte sie den Guide.

„Sie haben die Raumkreuzschiff-Fahrt „Innere Planeten des Sonnensystems" gebucht. Morgen ist der Anlauf auf dem Mars geplant. Danach geht es wieder zur Ausgangsbasis Erde zurück, mit einem Kurzstopp auf dem Mond."

Sie tat erstaunt und strich sich eine Haarsträhne aus dem Auge.

„Ich bin alt", gab sie zu, „und vergesslich, wo waren wir gestern noch?"

„Gestern Venus, vorgestern Merkur", gab der Guide monoton zurück.

Petra hielt den Atem an.

„Es ist aber nicht sicher, dass wir auf dem Mars landen können", verriet er ungefragt, „letzte Woche gab es zahlreiche Asteroidenfelder, da kamen wir nicht durch und mussten verlangsamt gen Erde zurückfliegen. Aber die Gäste konnten so einen weiteren Raumschifftag genießen."

Petra nickte. Sie erreichten die Basis Portsmouth. Petra sah eine gläserne Großstadt. Routiniert flog der Guide zwischen den Hochhäusern hindurch. Dann sah Petra das Schiff. Es glich eher einem Raumschiff, aber es lag im Wasser. Dreißig Decks zählte sie. Es sah aus wie eine Kleinstadt. Da die Sonne schon tief stand, glitzerten die Lichter ihr entgegen. Sie tauschten den „Über-Land-Gleiter", gegen einen Kleineren. Nach der Landung auf Deck 30 verkündete der Guide, dass er sie weiter zur Kabine begleiten würde.

„Ihren Ausweis, bitte", bestimmte er.

Petra sah ratlos aus. Dann stellte sie fest, dass sie ihn an einem Band um ihren Hals hängen hatte.

„Manche Dinge verändern sich zum Glück nie", dachte sie und gab ihn schnell weiter.

Sie flogen los und landeten schließlich vor einer Tür, welche die Nummer 250036 trug.

Der Guide führte den Ausweis in einen kleinen Schlitz ein und betätigte einen Knopf, schon öffnete sich die Tür. Petra konnte direkt aus dem Gleiter steigen und kam auf dem Bett zum Sitzen. Sie war überrascht, wie schwach sie auf den Beinen war, mit denen sie nur kurz Bodenkontakt gehabt hatte.

„Falls Sie es noch nicht getan haben, wählen Sie bitte jetzt ihr Abendessen", ordnete der Computer an, parkte den Gleiter auf dem Balkon und verschwand aus der Kabine.

Sie sah sich in der Kabine um. Sie erschien ihr kleiner als die Balkonkabinen, die sie von ihren Reisen kannte. Mitten im Raum stand das große Doppelbett, der Kleiderschrank wie auch das Bad waren nur wenige Meter von ihr entfernt. Die Wände waren komplett verglast und ließen so den Raum größer wirken.

Petra sah eine Art Tablet-PC auf ihrem Nachttisch liegen. Neugierig griff sie danach. Als sie den Bildschirm mit ihrem alten Finger berührte, winkte ihr vom Monitor eine Gestalt entgegen.

„Sieht aus wie ein Koch“, stellte sie fest.

Er sprach zu ihr, ebenfalls mit blecherner Stimme, und sie wurde aufgefordert, die Seite mit der Speisekarte aufzurufen. Sie tat es und sah das Menü des heutigen Abends:

Aperitif
Cocktail vom Mars

Amuse-Gueule

Vorspeisen
Tomate-Mozzarella-Symbiose im Glas (flüssig)
oder
Salatgarnitur aus der habitablen Zone

Hauptgang
Rinderfilet-Drink mit Pfefferrand
oder
Lachstube gereicht an Risotto mit Erbsengemüse

Nachtisch
Paste von Tiramisu
oder
Geeister Fruchtcocktail

Petra reichte das. Sie legte den Tablet-PC zur Seite und sah sich weiter in ihrer Kabine um. Sie entdeckte nun zahlreiche Knöpfe am Kopfteil des Bettes und probierte sie nacheinander aus. Knopf Nummer 1 verband sie offensichtlich mit der Rezeption.

„Sie haben eine Frage? Wir sind für Sie da, 24 Stunden, rund um die Uhr", ertönte plötzlich eine Stimme in der Kabine.

Sie drückte spontan die Taste „Exit". Es kehrte Ruhe ein. Taste Nummer 2 ließ einen Monitor in der Kabine anspringen, der stark einem Fernseher glich. Auf dem Einstiegsprogramm lief eine Vorstellung ihres Schiffes. Was sie sah, übertraf ihre kühnsten Erwartungen, aber es machte ihr auch Angst. Sie kreuzte auf einem Raumschiff, welches im Wasser landen konnte. Gerade legte es ab, wie sie deutlich sehen konnte, es glitt nur kurz über das Meer und erhob sich dann in die Lüfte.

„Auf dem Weg zum Mars, so ein Wahnsinn", sagte sie laut zu sich selbst.

Sie konnte die Fliehkraft in ihrer Kabine spüren, denn sie drückte sie stark zurück aufs Bett. Nach einer Weile ließ die Kraft nach. Sie schaltete auf Programm 3. Sie sah die Routenkarte der Woche und alle Planeten. Ein Cursor blinkte auf und sie bemerkte, dass sie ihn mittels des großen, runden Buttons, der sich ebenfalls auf dem Nachttisch befand, steuern konnte. Als sie ihn mit zittriger Hand auf die Erde lenkte, erschien der Steinkreis von Stonehenge groß auf dem Bildschirm. Sie wollte nur weg von hier. Einer inneren Eingebung nach, robbte sie über das Bett, ging mit wackeligen Schritten auf den Monitor zu und legte ihre zitternde Hand auf das Bild des Steinkreises. Wieder spürte sie einen heftigen Windzug, der plötzlich durch die geöffnete Balkontür zog und sie fast von den schwachen Beinen fegte, doch sie hielt ihm mit ungeahnter Kraft stand.

Erneut ertönte die Stimme über die Kabinenanlage: „Sie haben noch nicht das Abendessen gewählt, ihre Bestellung muss spätestens in zehn Minuten erfolgen."

Sie hörte diese Aufforderung nicht mehr, denn die aufsteigende Wolke sog sie langsam, aber stetig in den

Monitor. In ihrem Innersten hoffte sie, nur gleich wieder neben Tessa auf der Couch zu sitzen. Stonehenge in weiter Zukunft wollte auch diese sicher nicht erleben, da war Petra sich ganz sicher.

Der Korb

Ich stehe unmittelbar an der Ostsee im weichen, hellen Sand. Hier habe ich den besten Blick auf alle Schiffe, die in den Hafen einlaufen. Zumeist sind es Fähren, Frachter, Tagesausflugsschiffe und natürlich Segelboote. Gerade die Frachter beeindrucken mich. Sind sie doch oft meterhoch mit Containern beladen. Dass da nie einer runterfällt bei stürmischer See! Ab und an im Sommer kommen aber auch Kreuzfahrtschiffe in meinen Heimathafen. Diese bezaubern mich regelrecht. Während ich von April bis September hier rumstehe, bereisen sie die ganze Welt. Ihr habt es vielleicht schon bemerkt: Ich bin ein Strandkorb, aus weißem Korb gemacht mit blau-weißer Plane. Auf meiner Rückseite trage ich den Namen meiner Agentur, Gröschke und die Nummer 248. In der Wintersaison werde ich zusammen mit meinen Kumpels sorgsam eingelagert, um im Frühjahr frisch geputzt wieder am Strand zu stehen. Oft werde ich von Familien mit Kindern gemietet. Diese bauen dann liebevoll einen Wall aus Sand und verzieren mich mit Muscheln, die vom Meer angespült wurden. Ich stehe unweit der Mole und schon vor einigen Jahren habe ich mich mit dem Lotsenboot „Christoph 1" angefreundet. Christoph ruft mir im Vorbeifahren immer zu, wenn besondere Schiffe einlaufen. So auch heute.

„Hey Gröschi", wispert er aufgeregt, die anderen Körbe sollen ja nicht alles mitbekommen, „heute läuft im Hafen ein Kreuzfahrtschiff ein, das noch nie hier war. Na, eigentlich ist es kein typisches Kreuzfahrtschiff, eher ein Mix aus einem stolzen Segler und einem Schiff, schau einfach selbst."

„Danke, Chris", erwidere ich mit einem Lächeln und blicke mich kurz um, ob die anderen Körbe etwas mitbekommen haben. Das war nicht der Fall, der Informationsvorsprung ist mir wichtig, einfach so für mich.

Nummer 247 links von mir, hat eine Familie mit Kindern zu Gast und ist viel zu sehr beschäftigt, deren Gesprächen zu lauschen. 246, rechts von mir, hat so wie ich keine Gäste und scheint in der Sonne zu dösen, ich höre ihn wohlig schnarchen. Da endlich erblicke ich weit am Horizont das angekündigte Schiff. Drei goldene Masten kann ich sehen, die in der Sonne glitzern. Als es näherkommt, kann ich einen großen, weißen Rumpf erkennen.

„In der Tat eine interessante Mischung", denke ich.

Als es majestätisch an der Mole vorbeifährt, tutet unser festliegendes Museumsschiff „Passat" zur Begrüßung. Fast huldvoll, wie ich finde, antwortet der ankommende Gast mit einem tiefen und lauten Ton aus seinem Schornstein. Ich bekomme eine leichte Gänsehaut.

Inzwischen ist es schon 11 Uhr morgens und ich hoffe noch auf Gäste. An einem Sonnentag leer zu stehen, das mag kein Strandkorb. Ich versuche mich in die Sonne zu drehen, um herrlich zu glänzen. Doch meine kleinen abgewetzten Stellen kann das nicht verbergen. Gegen 12 Uhr taucht mein Vermieter plötzlich auf und rennt hektisch um mich herum. Mit einem Handfeger befreit er mich vom lästigen Flugsand. Im Schlepptau hat er einen Mann von etwa vierzig Jahren. Dieser streicht liebevoll über mein Geflecht und schaut dann versonnen lächelnd aufs Meer.

„Nummer 248 ist noch frei und hat einen schönen Blick aufs Meer", sagt Gröschke zu dem Mann und deutet auf mich.

Dieser nickt zustimmend.

„Bekommen Sie das denn hin mit Champagner, Lachshäppchen und Kerzen bis heute Abend?“, will er wissen.

„Klar“, versichert Herr Gröschke und ich kann sehen, dass er das Eurozeichen in den Augen hat.

„Wir würden um 18 Uhr kommen. Um 20 Uhr müssen wir zurück an Bord sein.“

„Wird aber nicht ganz billig, ich muss ihn ja den ganzen Tag freihalten“, grinst der Vermieter verschmitzt.

„Das ist kein Problem“, versichert der Kunde.

„Kann ich ihn jetzt vorab schon ein wenig dekorieren?“.

Gröschke stimmt nickend zu und stapft davon, ich bin mir sicher, er wird eine saftige Rechnung erstellen. Der Mann stellt seine Tasche ab und entnimmt ihr eine Herzgirlande. Liebevoll befestigt er diese auf meinem Dach und summt dabei leise ein Lied. Ist das nicht der Hochzeitswalzer? Ich kann mein Glück kaum fassen! Alles hat den Anschein, als ob ich heute der Austragungsort eines Heiratsantrages werden würde und das noch von zwei Gästen von dem besonderen Kreuzfahrtschiff! Nummer 246 ist inzwischen auch aufgewacht und schielt neidisch zu mir herüber. Der Besucher befestigt gerade noch zwei Herzballons rechts und links an meinem Dach. Ich fühle mich wie ein Traualtar und versuche, besonders stolz auszusehen. So erwarte ich ungeduldig den Abend. Viele Strandgänger bleiben vor mir stehen und machen spontan Fotos. Ich beginne, mich wie ein *VIB* zu fühlen: Ein *very important basket.*

Als der frühe Abend anbricht, wirft das große Hotel hinter mir erste Schatten auf den Strand. Auf mich scheint nun keine Sonne mehr. Herr Gröschke kommt und schließt mein Gitter auf. Dann beginnt er mich intensiv zu reinigen. Er stellt vor mir einen kleinen Tisch auf, streut Rosenblätter auf ihn. Danach richtet er eine Flasche

Champagner im Kühler auf Eis und stellt eine abgedeckte Platte auf den Tisch. Vermutlich befinden sich darunter die erwähnten Lachshäppchen. Zu guter Letzt kramt er noch ein paar Teelichter aus seiner Tasche. Sie befinden sich in einer Glasfassung und er stellt sie in einem Herzkreis im Sand auf. Korb 247 ist inzwischen auch verwaist und meint: „Na, da hast du ja mal richtig Glück gehabt, freue mich für dich."

Ich lächele ihm dankbar zu. Als „Christoph 1" am Abend hinausfährt und zu mir hinüberblickt, staunt er nicht schlecht.

„Gröschi, du hast ja gar nichts davon heute Morgen erwähnt."

„Da wusste ich auch noch nichts von meinem Glück", gab ich ehrlich zurück.

Das Lotsenboot schaukelt beeindruckt mit seinem Bug. So ein Ereignis gab es hier am Strand noch nie. Inzwischen reden alle Körbe von nichts anderem mehr und als gegen kurz vor 18 Uhr der Mann endlich auftaucht, halten wir alle zusammen die Luft an. Ich hatte natürlich überlegt, wie wohl die Frau dazu aussehen mochte. Doch als ich sie sehe, verschlägt es mir die Sprache. Sie ist sehr klein, sportlich trainiert und von zierlicher Figur. Ihre dunklen, kurzen Haare kräuseln sich leicht im Nacken. Sie ist ganz in weiß gekleidet, was ich passend finde, aber sie ist geschätzt mindestens 25 Jahre älter als er. Mein Gedanke an einen Heiratsantrag verabschiedet sich gerade. Vermutlich will hier nur ein Sohn seiner Mutter eine Freude machen. Vielleicht hat sie Geburtstag? Gröschke führt die zwei zu mir. Für einen Strandausflug ist der Mann sehr förmlich gekleidet, mit Hemd und Krawatte. Mein Chef macht eine einladende Geste mit der Hand und der Mann und die Frau setzen sich. Sie schaut überrascht und zieht die Augenbrauen hoch.

„Daniel, was hat das zu bedeuten? Ich dachte, wir wollen einen Strandspaziergang machen?“, fragt sie erstaunt.

„Ja“, antwortet er mit sanfter Stimme, „machen wir doch auch, wir setzen uns nur gerade zwischendurch mal hin.“

Nummer 246 neben mir beginnt albern zu kichern. Ich werfe ihm einen strengen Blick zu. Doch das Wellengeflüster übertönt zum Glück sein Gelächter. Mein Herr Vermieter hat unterdessen professionell den Schampus eingeschenkt und den Besuchern die Gläser gereicht. Nun entfernt er die Folie mit einem Ruck und bietet eifrig Lachshäppchen an. Dabei strahlt er wie ein Honigkuchenpferd von einer Backe zur anderen. Schnell zündet er noch die Herzteelichter im Sand an. Danach entschwindet er mit den Worten: „Ich wünsche Ihnen noch einen schönen Abend.“

Er bekommt keine Antwort.

Die Frau schaut scheinbar desinteressiert auf das Meer. In ihren Augen spiegelt sich die Unendlichkeit des Ozeans.

Der Mann sagt: „Ich wollte dir eine Freude an deinem Geburtstag machen.“

Dabei wirkt er plötzlich schüchtern.

Sie dreht sich zu ihm um, legt ihre Hand auf seine und schweigt.

„Also doch die Mutter“, denke ich und beginne mich mit der neuen Situation abzufinden.

Eine Zeitlang knabbern beide an den Schnittchen. Die sehen wirklich lecker aus, Herr Gröschke hat sie sicher bei Fisch-Wöbcke fertigen lassen. Das ist der beste Fischhändler der Stadt. Der Mann erhebt sich und schenkt Champagner nach. Unschlüssig stößt er Luft aus. Dann scheint er allen Mut zusammenzunehmen und kniet in den Sand vor ihr nieder. Nicht nur ich bin überrascht, sondern auch der Frau kann ich den Schrecken in den Augen ansehen.

Aus seiner rechten Hosentasche zückt er eine Schachtel, öffnet sie langsam. Zum Vorschein kommen zwei goldene Ringe. Ich ringe nach Luft, soll nun doch noch ein Antrag erfolgen? Ist es etwa nicht die Mutter? Der Mann räuspert sich nervös und beginnt zu sprechen: „Liebe Iris, ich weiß, viele unserer Freunde und auch die Öffentlichkeit, der du ausgesetzt bist, missbilligen unseren Altersunterschied. Doch, was ist schon das Alter? Zählen Gefühle nicht mehr als Zeit? In den letzten Monaten konnte ich spüren, dass deine Gefühle zu mir genauso stark gewachsen sind wie meine zu dir. Ich denke, Gefühle können Zeit und Raum überwinden. Ich möchte die Zeit überwinden! Aber nicht nur das: Ich möchte die restliche Zeit meines und deines Lebens mit dir verbringen. Deshalb frage ich dich: Willst du mich heiraten?"

Die Frau schaut ihm intensiv in die Augen und ich sehe, wie die untergehende Sonne plötzlich in den ihren einen feuchten Glanz zaubert. Sie steht auf und fasst ihn bei den Händen. Ihre Lippen zittern kaum merklich. Sie schluckt, dann sagt sie: „Nein."

Der Mann schaut sie einen Augenblick irritiert an. Wir Körbe halten den Atem an und selbst das Meeresrauschen ist zu einem leidvollen Geflüster geworden. Er klappt die Schachtel wieder zu und steckt sie zurück in seine Hosentasche. Sie hat sich weggedreht und nur ich kann die Tränen auf ihrer Wange sehen. Herr Gröschke dekoriert mich später ab. Auch der Tisch wird entfernt. Den übrig geblieben Champagner trinkt er gierig und direkt aus der Flasche. Als das Schiff der beiden am Abend den Hafen verlässt, schaue ich traurig hinterher. Ich bin mir fast sicher zu sehen, dass Daniel alleine am Heck steht und zu mir hinüberblickt. Doch vielleicht ist das auch Einbildung.

Einige Wochen später mietet mich eine Familie mit zwei Kindern. Während diese im Sand spielen, vertreibt sich das Paar die Zeit mit Lesen. Er ist in einen spannenden Science-Fiction-Roman von Jacqueline Montemurri vertieft, sie in eine typische Klatschzeitung. Die Kinder rufen und die Mutter legt die Zeitung beiseite, um zu ihnen zu gehen. Da sehe ich das Bild! Mir wird ganz schwindelig. Ich erkenne Daniel. Er steht neben einem Sarg und sein Gesichtsausdruck ist der Gleiche wie nach seinem Korb. Darunter steht: „Die berühmte Sängerin Iris Jankowski ist am Donnerstagabend unerwartet verstorben. Selbst engste Vertraute wussten nichts von ihrer unheilbaren Krankheit."

Die Liege ihres Lebens

Das Kreuzfahrtschiff nähert sich dem Horn von Afrika. Vor vier Tagen sind wir in Sharm El-Sheikh mit neuen Gästen gestartet. Tags darauf hatten wir noch einen Stopp in Luxor. Zwei lange Seetage liegen nun hinter uns. Der nächste Hafen, Salalah im Oman, ist noch gut anderthalb Tage von uns entfernt.

Ich stehe heute auf Deck 7, ganz achtern am Heck. Die Sonne brennt vom Himmel herunter. Ist das heiß! Heute Morgen um 9 Uhr hat ein dicker Mann von ungefähr 65 Jahren ein Handtuch und einen Reiseführer auf die Liege neben mir geworfen. Ich konnte beobachten, dass er ein weiteres Handtuch auf einen meiner Kumpels im Schatten, zusammen mit einer Sonnenbrille, gelegt hat. Ein typischer Liegenreservierer! Erblickt hatte ich ihn seitdem nicht mehr. Eine Liege in der Sonne, Eine im Schatten. Es gibt sogar Gäste, die reservieren dazu eine am Pool! Das hat er nicht getan. Ich fahre schon seit drei Jahren auf der „MS Bonn“. Jeden Abend kommen die Decksstewards und beginnen, uns Liegen übereinanderzustapeln. Dann werden wir mit einem dicken Seil gesichert, damit wir – auch bei eventuellem Seegang – nicht über das Deck rutschen. Sehr fürsorglich. Die „MS Bonn“ ist ein klassisches Kreuzfahrtschiff, ca. 700 Gäste können pro Tour mitreisen. Das Publikum ist eher älter, aber manchmal sind auch Jüngere an Bord.

Die Frau, die ich momentan als Gast beherberge, zum Beispiel. 30 Jahre, rank und schlank, mit nur einigen Kurven, die sich aber an den richtigen Stellen befinden. Sie sitzt breitbeinig auf mir und hat einen Laptop aufgeklappt. Sie hackt die ganze Zeit intensiv und konzentriert auf der Tastatur herum. Ihr zu Füßen sitzt ein Stofftier. Es lächelt lieb, ist blau und trägt eine weiße Mütze. Ab und zu spricht sie mit ihm. Es antwortet natürlich nicht. Um seinen Hals trägt es eine Art Band, worauf Piraten zu sehen sind. Da keine Antworten kommen, übernimmt sie diese für ihn. Ich frage mich langsam, ob die attraktive Frau vielleicht einen kleinen Sonnenstich bekommen hat. Das wäre schade. Außer ihr liegt nur noch ein Mann auf der übernächsten Liege rechts von mir. Er ist anscheinend eingeschlafen, denn ich höre ein leichtes Schnorcheln. Alle anderen Kreuzfahrer sind beim Mittagessen, es ist schließlich 12 Uhr! Der nette Decksteward Martin erscheint neben meiner Liege. Er strahlt die junge Frau an, jongliert beeindruckend mit seinem Tablett und sagt: „Darf ich Ihnen etwas bringen?"

Braungebrannt, mit weißer Uniform, Goldkettchen um den Hals und seiner blonden Kurzhaarfrisur macht er Sascha Hehn mächtig Konkurrenz. Die Frau sieht kurz auf.

„Ja, vielleicht ein Mineralwasser, es ist so warm."

„Wasser ist gut gegen Sonnenstich", denke ich.

Er notiert kurz die Bestellung auf einem Zettel, tätschelt dann liebevoll das Stofftier und meint: „Und der kleine Cruisy, bekommt er auch was?"

Die Frau lacht auf.

„Er teilt sich das Wasser mit mir."

Ich mache mir gerade ernsthaft Gedanken, ob ich jetzt verrückt bin oder die zwei. Es vergehen keine fünf Minuten, da kommt Victor, äh Martin, mit dem gewünschten Wasser zurück.

„Ich sehe Sie oft an ihrem Laptop arbeiten, Sie sollen doch Ferien machen“, sagt er galant, während er das Wasser aus der kleinen Flasche in ein mit Eiswürfel gefülltes Glas kippt.

„Oh, das ist keine Arbeit. Ich schreibe einen Reiseblog für ein Internetforum. Die Leser daheim können so alles live von Bord erfahren. Cruisy ist dabei die Hauptperson.“

Sie dreht den Bildschirm zu Martin, so dass er auf ihn schauen kann. Ich sehe natürlich, dass er ihr zunächst in den Ausschnitt schaut, aber dann doch den Blick auf den Monitor schwenkt. Er gibt begeisterte Ohs und Ahs von sich.

„Cruisy, ein Schlumpf auf See“, liest er vor.

„Ja“, erklärt sie mit begeisterter Stimme, „er fährt immer mit unterschiedlichen Leuten mit und diese Reise eben mit mir.“

Martin nickt beeindruckt. Dann nimmt er den Schlumpf in die Hand und sagt: „Du warst ja schon auf vielen Schiffen, Cruisy, Du bist ja eine kleine Berühmtheit.“

„Wollen Sie mal mit ihm auf ein Foto?“

„Oh ja“, strahlt er die Frau an.

Ich glaube, ich habe einen Hitzekoller! Ich kann es kaum glauben, was da vor sich geht. Ist vielleicht eine Epidemie ausgebrochen und alle Menschen an Bord sind verrückt geworden? Ein Schlumpf, der bloggt? Und daheim sitzen Tausende und warten auf das Geschriebene? Elegant erhebt die Frau sich von der Liege, kramt in ihrer kleinen Handtasche und holt eine Kamera heraus. Martin posiert an der Reling, die keine drei Meter entfernt ist.

„Mit der Heckwelle, das kommt besonders gut“, ruft er und schließt den Schlumpf in seine Arme.

Täusche ich mich oder hat Cruisy eben noch liebreizender gelächelt?

Martin hält ihn direkt neben sein sonnengebräuntes Gesicht. Die weiße Mütze bietet einen interessanten

Kontrast. Mir fällt auch auf, dass der Himmel heute blauer ist als der Schlumpf. Die Frau schaltet die Kamera ein, hält sie in Augenhöhe und scheint einen Punkt in der Ferne zu fixieren. Plötzlich stockt ihr und mir der Atem. Hinter Martin an der Reling versucht sich per Klimmzug ein Mann hochzuziehen!

„Piraten", fährt es mir durch das Gestell!

Wir befinden uns schließlich am Horn von Afrika!

Bevor die Frau reagieren kann, steht der Eindringling auf gleicher Höhe mit Martin auf der anderen Seite des Geländers. Er ist dunkelhäutig, schlank und trägt ein schwarzes Kopftuch, das im Nacken zusammengebunden ist. Nach der ersten Schrecksekunde, reagiert die Frau blitzschnell. Sie lässt den Fotoapparat auf den Boden fallen, packt mich und rennt, mich vor sich haltend, Richtung Reling. Martin springt reflexartig bei dem Ansturm zur Seite. Zwei bis drei Mal haut sie dem von der unerwarteten Attacke überraschten Piraten mit mir auf den Kopf. Martin, der langsam begreift, wirft Cruisy auf die Nachbarliege und eilt ihr zur Hilfe. Martin verpasst ihm einen saftigen Kinnhaken. Daraufhin verliert der Pirat das Gleichgewicht und stürzt ins Meer. Die zwei schauen hinterher, ich stehe aufrecht an der Reling. Ich kann sehen, dass nicht unweit von unserem Schiff ein kleines Boot dümpelt. Auf ihm sehe ich Menschen, die die Szenerie mit Ferngläsern beobachten. Auch Martins Blick geht zu dem Boot.

„Runter", schreit Martin, wirft sich über die Frau und sie gehen gemeinsam zu Boden.

Keine Minute zu früh, denn es ertönt ein Schuss. Die abgefeuerte Kugel durchbohrt mich unschön. Ein großes, schwarzes Loch befindet sich nun in meinem Kopfteil. Auf einmal spüre ich, wie unser Schiff Fahrt aufnimmt, ich kippe um und lande auf Martin, der immer noch regungslos auf der Frau liegt. Aufgeregt kommen Crewmitglieder über das Deck gekrochen. Es ist die Security-Einheit, die sonst immer den Check-in überwacht. Mit Gewehren ausgestattet schießen sie wahre Salven vom Schiff ab, doch wir sind schon viel zu weit von dem Piraten-Boot entfernt. Einige Passagiere schauen ängstlich aus der Restauranttür, an Deck traut sich vorerst niemand. Ich habe dem armen Martin eine große Schramme am Kopf zugefügt. Die Wunde blutet.

„Ob wir ihn umgebracht haben?“, wispert die Frau.

„Besser wir ihn, als er uns“, keucht Martin.

Sie sehen sich in die Augen und auf einmal finden sich ihre Lippen zu einem innigen Kuss. Ich liege immer noch über ihnen und könnte nur mit meinem Kopfteil schütteln. Wir bieten vermutlich einen bizarren Anblick. Ein Steward, der küssend auf einer Passagierin liegt, zugedeckt mit einer Liege! Und vor uns, auf der Nachbarliege, sitzt ein kleiner, blauer Schlumpf! Der grinst immer noch oder schon wieder? Der Gast auf der übernächsten Liege neben uns ist beim ersten Schuss aufgewacht. Er liegt seit geraumer Zeit zitternd unter meinem Liegenkumpel, hat die Augen verschlossen und hält sich die Ohren zu. Keine große Hilfe. Schließlich kommt endlich der Bordarzt über Deck gelaufen. Mit einem Ruck entfernt er mich und lässt mich achtlos und brutal fallen. Das tut weh. Ich krache mit meinem ganzen Gewicht auf die braunen Teak-Planken. Die Küsserei findet ein jähes Ende. Langsam rollt sich Martin von der Frau und der Doc beginnt fachmännisch, seine Wunde zu versorgen, die immer noch blutet. Um die Frau kümmert sich der Kreuzfahrtdirektor persönlich. Schwach lehnt sie an der Reling, versucht zu lächeln, aber es gelingt ihr nicht so ganz. Der Direktor versucht, beruhigende Worte zu finden. Der Arzt beendet seine Behandlung. Und Cruisy? Er lächelt. So einen Schlumpf scheint nichts zu erschüttern! Niemand interessiert sich für mein Loch, ich liege parallel zur Reling und warte, was mit mir passieren wird. Ich höre, dass die Frau und Martin vom Kapitän auf der Brücke erwartet werden. Da plötzlich kommt plötzlich der Liegenreservierer angelaufen. Emsig sammelt er nebenan sein Handtuch nebst Reiseführer ein. Er schimpft hörbar laut über die Störung beim Mittagessen! Also, der begreift wirklich gar nichts mehr! Hier ging es gerade um Leben und Tod! Dann geht er wieder davon, den Nachtisch konnte er aufgrund der Ereignisse bisher nicht essen und dieser war nun dran. Ich sehe Martin, der schützend seinen Arm um die immer noch zitternde Frau gelegt hat, in Richtung Brücke gehen. Den Schlumpf hat er in seiner rechten Hand. Den Laptop trägt sie wie einen Schutzwall mit verschränkten Armen vor sich her.

Leider habe ich nie erfahren, was sich auf der Brücke der „MS Bonn" abgespielt hat. Ich weiß nur, dass ich am selben Tag noch in den Lagerraum des Schiffes verbannt wurde. Dort harrte ich aus bis Dubai. Kurz vor dem Zielhafen wurde ich in einen Karton verpackt. Als ich wieder Tageslicht sah, befand ich mich im Wohnzimmer der Frau. Liebevoll streichelte sie mich. Dann besserte sie, in tagelanger Handarbeit, mein Loch aus und stellte mich nach Vollendung auf eine schöne Terrasse, die mit Blumen eingefasst war. Ich hatte ein neues Heim bekommen! Oft saß sie mit ihrem Laptop auf mir und ich konnte sehen, dass sie chattete. Es war der Steward! Nach der Beendigung der Weltreise würde er zu ihr kommen und nie wieder gehen. Ich war ihr Glücksbringer und unendlich stolz darauf, die Liege ihres Lebens zu sein. Cruisy, den Schlumpf, hatte ich leider persönlich nicht mehr gesehen. Er war schon wieder mit neuen Kreuzfahrern unterwegs. Ab und an jedoch schaute die Frau auf seine Reisewebseite. Dann freute auch ich mich, ihn an den unterschiedlichsten Orten der Welt zur erblicken. Mal vor den Pyramiden von Gizeh, dann in London, plötzlich an der berühmten Nordkap-Kugel. Irgendwie war er ein ganz besonderes Stofftier, das hatte nun selbst ich erkannt. Was wäre passiert, wenn er nicht mit Martin am Heck posiert hätte? Ich mag es mir nicht vorstellen.

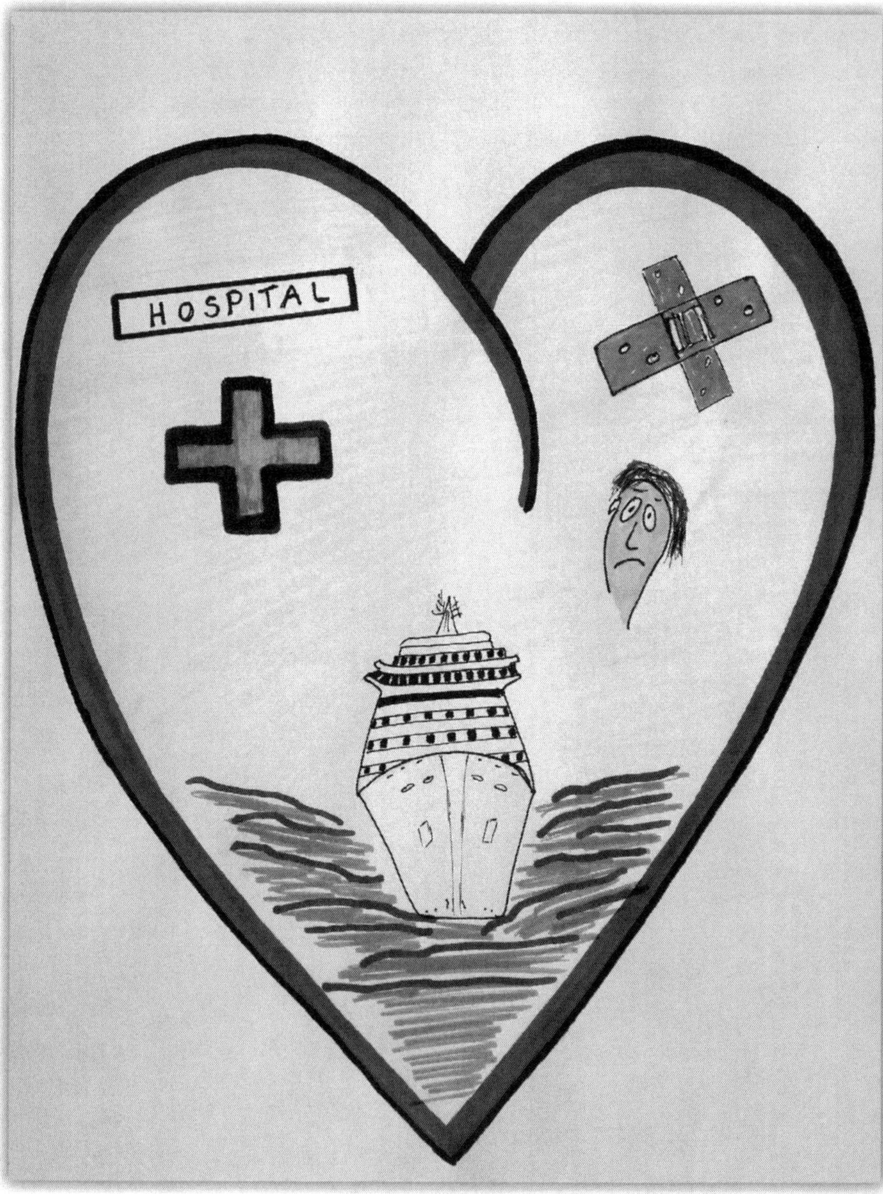
HOSPITAL

Sicherheitsprüfung

Nach einer Idee von Boris Noruschat, Schluss: Brina Stein

Das Schreiben von der Reederei war schon vor drei Wochen gekommen. Es hatte eine umfangreiche Sicherheitsprüfung aller Schiffsbereiche verkündet, die von Passagieren genutzt werden. Kapitän Starke kannte das Prozedere, der Erste Offizier allerdings war nervös. Häufiger als sonst unternahm er Rundgänge über alle Decks und hielt nach auffälligen und scheinbar unauffälligen Personen Ausschau. Wenn er gemeinsam mit dem Kapitän auf der Brücke seinen Dienst verrichtete, beobachtete er die Gäste auf dem Vorschiff mit einem Fernglas.

„Kapitän, schauen Sie hier, der vielleicht oder der da."

Er wurde immer nerviger von Tag zu Tag, trotzdem behielt der Kapitän die notwendiger Ruhe und Gelassenheit.

Heute allerdings könnte der „Erste" recht behalten, als er auf einen Mann deutete, der trotz des schlechten Wetters nur mit einem dünnen T-Shirt bekleidet war und mit seinem rechten Fuß mehrfach gegen einen Poller trat, um den ein dickes Schiffstau gewickelt war. Gestern beim Einchecken in Hamburg war diese Person schon Teilen der Crew aufgefallen, da er sich ungewöhnlich benahm. Stefan Herbst reiste allein und hatte sich sofort, nachdem er an Bord kam, über die Öffnungszeiten des Hospitals informiert. Das verwunderte die Kreuzfahrtdirektorin aufgrund seines jungen Alters. Sie schätzte ihn auf höchstens 25 Jahre. Ihre Frage, ob er gesundheitliche Hilfe benötigte, verneinte er zwar sofort, machte aber nach kurzem Zögern den Zusatz: „Im Moment nicht“.

Kerngesund sah er aus, aber er bewegte sich nicht normal, sonst hätte der Kapitän heute nicht zugestimmt, diesen Mann im Auge zu behalten. Es war deutlich zu sehen, dass er sich für das Schiff interessierte, allerdings auf eine wirklich seltsame Art. Im Außenbereich, nahm er immer drei bis vier Stufen auf einmal, den letzten Absatz sprang er förmlich. Es wirkte auf Außenstehende so, als würde er jede Möglichkeit nutzen, einen Unfall an Bord zu provozieren. Jede Kante, jeder Spiegel wurde von ihm begutachtet und angefasst. Beim morgendlichen Crew-Meeting war die Stimmung dementsprechend gereizt. Der Hoteldirektor hatte mehrmals versichert, dass es unmöglich wäre, sich mit Absicht zu schneiden oder sich an Bord eine mutwillige Verletzung zuzuziehen.

„Ich kann ihm doch abends im Restaurant nicht das Messer wegnehmen“, polterte daraufhin der Maître ungehalten los.

„Natürlich könne man sich an Bord verletzen“, hatte der Kapitän mit lauter Stimme gesagt.

„Im Notfall bin ich jederzeit zur Stelle“, warf der Schiffsarzt ein.

Der Kapitän nickte ihm mit einem dankbaren Blick zu.

„Wir stehen aber in der Beweispflicht, dass uns keine Schuld trifft“, ergänzte der Hoteldirektor und griff sich verzweifelt in sein kurzes, graues Haar.

Dabei bemerkte er nicht, wie er seine perfekte Gelfrisur zerstörte. Die Kreuzfahrtdirektorin hörte schweigend und kopfschüttelnd zu. So etwas hatte sie in ihrer zwanzigjährigen Laufbahn noch auf keinem Schiff erlebt. Der Kapitän seufzte hilflos. Die wetterbedingte Streichung des Landgangs vor Sylt würde schon genug Ärger mit den Passagieren bringen. Er wusste das und konnte einen schlechten Bericht dieses Undercoverprüfers überhaupt nicht brauchen. Die Reederei hatte im Schreiben vermerkt, dass man dem Kontrolleur sein Handeln nicht verbieten könne und scheinbare Provokationen hinnehmen müsse. Der Kapitän beendete ratlos das Meeting. Zu Mittag traf er am Buffet in der Crew-Messe erneut auf die Kreuzfahrtdirektorin.

„Gibt es was Neues von unserem Spion?" fragte er, während er sich eine doppelte Portion Spaghetti Bolognese mit extra viel Parmesan an der Nudelstation zubereiten ließ.

„Wir beobachten ihn immer im Wechsel, allerdings hat er das bemerkt. Sobald jemand von uns „Weißen" in seine Nähe kommt, verschwindet er. Nach Ihrer Durchsage, in der Sie die sofortige Umroutung nach Cuxhaven verkündeten, gemeinsam mit der Sperrung des Pool-Decks, hat er trotzdem versucht, auf dieses zu gelangen. Ein Sturz auf dem glatten Deck wäre ihm gewiss gewesen. Barmann Jorgi hatte ihn gesehen und wieder ins Schiffsinnere gezerrt."

Der Kapitän schüttelte den Kopf und meinte: „Ich verstehe das nicht, eine Prüfung ist in Ordnung, das muss sein, aber was ist das für ein Berufsbild, bei dem ich eine Verletzung in Kauf nehme. Verdienen die ein Vermögen oder wieso macht jemand freiwillig so etwas?"

Eine Antwort hatte sie nicht für Ihn parat. Kapitän Starke trollte sich mit seinem überfüllten Pasta-Teller davon, während die Kreuzfahrtdirektorin aus Frust Unmengen an Pfeffer auf ihre Penne al Arrabiata streuen ließ. Ohne es zu ahnen, verschärfte Stefan Herbst den Arbeitsalltag der Führungsmannschaft an Bord erheblich.

Dennoch ging dieser Tag ruhig zu Ende, man hatte den Spion nicht aus den Augen gelassen und somit einen weiteren Erfolg fürs Schiff verbucht. Zudem lag man sicher vor den tosenden Wellen in Cuxhaven. Der ungeliebte Gast verließ das Schiff am frühen Abend und kehrte erst nach Mitternacht zurück. So verbrachte auch Kapitän Starke einen entspannten Abend in seiner Kabine. Er schrieb eine lange E-Mail an seine Frau, die daheim in Südafrika sehnsüchtig auf sein Nach-Hause-Kommen wartete. In drei Monaten hatte er endlich den ersehnten Landurlaub.

Der zweite Tag begann wettertechnisch noch bescheidener als der erste. An ein Auslaufen am Morgen war nicht zu denken, die Insel Helgoland würde man ebenfalls aufgrund der Wellenhöhe nicht anlaufen können. Alle Landausflüge waren erneut gestrichen. Stattdessen legte man in Cuxhaven gegen Mittag ab, dümpelte ziellos auf der tosenden Ostsee herum und wartete, die Erlaubnis zu bekommen, in die Elbe einfahren zu dürfen. In den Treppenhäusern hingen die Spucktüten und die Restaurants füllten sich nicht wie gewohnt zu Mittag. Die Crew hatte alle Hände voll zu tun, die Gäste zu beschäftigen. Nur eine Handvoll lauschte der Lesung von Brina Stein in der Lounge, ein paar andere trotzten dem Wetter im Malworkshop von Kreuzfahrtunikate in der Observer-Bar auf Deck 10.

Stefan Herbst hatte man heute nur kurz beim Mittagessen gesehen. Anscheinend litt auch er am gleichen Schicksal. Sollte das Wetter auf der Seite der Crew sein, wäre auch dieser Tag vor dem Prüfer gerettet. Morgen schon würden Sie wieder in Hamburg anlegen und der Spuk hätte ein Ende.

Stefan hatte schlechte Laune, denn das Wetter war eine Katastrophe. Kein Auge hatte er diese Nacht zugemacht, denn selbst im Hafen klatschten die Wellen die ganze Nacht an seine Kabine, die im Bug lag. Dabei hatte er in dem urigen Lokal „Skipper“ nach dem Verzehr einer Kapitänsportion des legendären Piratentellers reichlich mit Bier und Küstennebel nachgespült. Nach dem Ablegen wurde er sterbenskrank, ihm wurde schlecht wie noch nie zuvor in seinem Leben. Er wollte einfach nur, dass der Brechreiz aufhörte. Inmitten seines Leidens klingelte das Handy.

„Moin Stefan, ich bin es, Maik, was geht? Hast du den Auftrag ausgeführt? Wie hast du es vollbracht? Ging dein Plan auf? Hallo, sag doch mal was, Stefan?“

„Halt mal die Luft an“, murrte Stefan, während er einen erneuten Würgereiz tapfer unterdrückte und fuhr fort: „Nichts ist ausgeführt, alles Mist, ich hab es vermasselt. Seit meiner Ankunft hab ich alles probiert. Ich wollte mir den Knöchel verknacksen, auf dem Pool-Deck ausrutschen, ich hab sogar versucht, mir irgendwie in die Hand zu schneiden. Das Schiff hier ist glatt wie ein Kinderpopo und überall ist Personal. Man ist nie wirklich allein. Ich hab schon gedacht, die verfolgen mich hier. Ich glaube, ich fange an zu spinnen. Maik, wir legen morgen in Hamburg an, das war es dann.“

Der Freund am anderen Ende der Telefonleitung antwortete besorgt: „Stefan, komm, einen Tag hast du noch, was ist denn für heute geplant?“

„Heute“, murmelte Stefan und ergänzte mit genervter Stimme: „Wir haben Dreckswetter, ich bin seekrank und mir ist so was von schlecht, ich mache gar nichts.“

Maik schrie fast: „Hey, wach mal auf, du bist seekrank: See und krank!“

Das war es, Stefan richtete sich abrupt im Bett auf. Er war krank, seekrank! Das war endlich sein Ticket in die Krankenstation. Er hatte alles versucht, in diese zu kommen, dabei war die Lösung ganz einfach. Vor drei Monaten hatte er sie auf dem Lehrgang gesehen. Seine Firma hatte ihn zu diesem geschickt, um dem medizinischen Personal ein neues Gerät zu erklären. Sabine war ihm sofort auf gefallen und er hatte immer wieder versucht, ihr näherzukommen an diesem Tag. Ohne Erfolg. Dann endete der Kurs und Ihre Wege trennten sich. Zum Abschied hatte er sich durchgerungen und nach ihrer Nummer gefragt. Sie hatte nur keck geantwortet, wenn er sie wiedersehen wolle, dann sollte er sich doch etwas einfallen lassen. Bei der Teilnehmervorstellung hatte sie erzählt, dass Sie auf dieser Reise als Krankenschwester arbeiten würde. Kurz entschlossen hatte er seinen Urlaub geändert und die Kreuzfahrt gebucht. Er hatte tagelang Pläne geschmiedet und dann hatte Maik die Idee mit der Verletzung. Ein Wiedersehen mit graugrüner Gesichtsfarbe würde es werden. Das hatte er sich eigentlich anders gedacht.

„Stefan, hallo, bist du noch dran?“, drang die Stimme von Maik an sein Ohr.

Stefan kehrte in die Wirklichkeit zurück, verabschiedete Maik mit knappen Worten und schleppte sich ins Bad. Nachdem sein Magen sich nochmals entleert hatte, duschte er ausgiebig, er wollte wenigstens gut riechen, wenn er schon elend aussah.

Währenddessen nutzte Sabine im Hospital die Abwesenheit des Schiffsarztes aus und führte die Sicherheitsprüfung an den medizinischen Geräten durch. Sie war stolz darauf, dass sie noch niemand in ihrer Doppelfunktion entdeckt hatte. Stefans Theater kam ihr natürlich sehr zu Hilfe. Am Anreisetag hatte sie sein Gespräch mit der Kreuzfahrtdirektorin belauscht und spontan beschlossen, die Situation auszunutzen. Es war nicht einfach gewesen, ihm die letzten zwei Tage an Bord auszuweichen, denn das Schiff war nicht groß. Doch zum Glück war immer, wenn er sich ihr näherte, eine Tür mit der Aufschrift „Crew only“ in der Nähe gewesen, hinter der sie verschwinden konnte. Seine Bemühungen prallten an ihr ohne Gefühl ab.

„Was Männer sich doch selbst überschätzen", dachte sie kopfschüttelnd.

Sie freute sich, dass morgen die Reise zu Ende sein würde und sie endlich ihre Lebensgefährtin Heike wieder in die Arme schließen konnte. Die drei Tage Trennung waren ihr sehr lang vorgekommen. Da klopfte es plötzlich an der Tür zum Hospital.

Getroffen

Wieder flog ich tagelang zu dem Kreuzfahrtschiff, dessen Bug ein roter Kussmund zierte. Dieses Mal begleitete mich der altehrwürdige Amor persönlich. Im vergangenen Jahr hatte ich, ein Liebesengel und Amors treuer Gehilfe, auf eben diesem Schiff meinen ersten Auftrag im Alleingang vermasselt. Dabei war meine Aufgabe denkbar einfach gewesen: Ich sollte an Bord eines Kreuzfahrtschiffes zwei Menschen, die füreinander bestimmt waren, mit einem Liebespfeil, abgeschossen von meinem goldenen Bogen, zusammenbringen. Wäre eine Person am Körper getroffen worden, hätte sie sich verliebt und um die andere ausgewählte Person geworben. Ich führte drei Pfeile mit mir, doch nicht einer hatte getroffen! So ein Missgeschick. Und das mir, dem fähigsten Schützen der Himmelsklasse von Wolke 7! Ich hatte großes Glück gehabt, dass meine „Kunden“ Jessica und Tim, die von Amor als Paar auserkoren worden waren, erneut und rein zufällig nach nicht einmal acht Monaten wieder eine Reise mit dem gleichen Kreuzfahrtschiff unternahmen. Als ich damals nach meinem Misserfolg mit hängenden Flügeln ins Hauptquartier zurückgekehrt war, machte mir Amor wütend Vorhaltungen. Nicht nur, dass mein erster Pfeil Jessica nur am Arm gestreift hatte, dieses Ereignis führte sogar dazu, dass sie sich während der Reise kurzfristig in einen anderen Mann verliebte, der Uwe hieß. Die Sache verlief unglücklich und ich fühlte mich doppelt schuldig. Der große Amor wollte mir nun zeigen, wie man mit nur einem Pfeil so etwas klarmachte.

Nach langem Flug vom Hauptquartier erreichten wir die Kanarischen Inseln und flogen Richtung Hafen. Wir umkreisten das Schiff zunächst mehrfach, damit Amor sich mit den Örtlichkeiten vertraut machen konnte. Nachdem wir gerade den Schornstein umrundet hatten, tat mein Herz einen Schlag, denn ich entdeckte Tim, der an der Reling stand. Mein personalisierter Tablet-Computer verriet mir, dass er schon eine Woche allein an Bord zugebracht hatte. Er sah wieder mal genervt aus, so wie ich ihn vom letzten Urlaub die meiste Zeit in Erinnerung hatte, beobachtete aber intensiv den Zustieg der neuen Passagiere. Ich freute mich trotzdem, ihn zu sehen und machte Amor aufgeregt Zeichen. Dieser befragte ebenfalls seinen Computer und sagte: „Bewahre die Ruhe, Engel. Jessica sitzt gerade in einem Flugzeug, das den Mont Blanc passiert."

Dann stutzte er.

„Was ist los?", fragte ich besorgt.

Amor schüttelte verwundert den Kopf: „Es ist gerade erst 12 Uhr mittags und sie trinkt mit einem älteren Herrn, der Flugangst hat, den zweiten Schnaps!"

Bei dieser Vorstellung lachte ich laut auf und kassierte dafür einen bösen Blick von Amor.

„Ich werde das Ding schon schaukeln", gab er selbstbewusst zurück.

Ich scannte derweil Tims vergangene Woche ein. Er hatte Urlaub gehabt, war aber geschäftlich ständig aktiv. Betrübt sah ich mir Jessicas letzte Woche an. Momentan hatte sie zwar einen hartnäckigen Verehrer, doch der Funke war nicht richtig übergesprungen. Sie schien sich nur mit dem Gedanken an den bevorstehenden Urlaub über Wasser zu halten. Wieder meldete sich mein schlechtes

Gewissen. Hätte ich die beiden damals getroffen, dann wären ihnen acht Monate voller Traurigkeit erspart geblieben.

Amor und ich verbrachten einen schönen Tag am langen Sandstrand von Fuerteventura, waren aber pünktlich zu Jessicas Aufstieg an Bord zurück. Ich freute mich, auch sie wiederzusehen. Sie sah noch besser aus als letztes Mal und war in Begleitung einer mir noch unbekannten, dunkelhaarigen Freundin, die unentwegt und gestenreich etwas zu erzählen hatte. Auf der Kabine angekommen, packten sie zunächst ihre Koffer aus und begaben sich dann ins Buffetrestaurant. Tim entdeckten wir im A-La-Carte-Restaurant, er saß missmutig am Tisch und wartete auf den ersten Gang. Beim Abendessen lernten Jessica und ihre Freundin Nina vier wirklich reizende, ältere Ehepaare kennen und hatten viel Spaß am Tisch. Als sie später auf das Pool-Deck kamen, steuerte Jessica zielsicher einen Stehtisch an. Die Freundin kannte natürlich alle Geschichten um die letzte Kreuzfahrt und war gespannt, den Platz zu sehen, an dem Jessica Uwe zum ersten Mal begegnet war. Tim stand nur zehn Meter entfernt. Amor fackelte nicht lange, spannte den Bogen und schoss, als Tim in Jessicas Richtung blickte, geradewegs in sein Herz. Beeindruckt klatschte ich Applaus. Als der goldene Liebespfeil sich in Tims Herz bohrte, zuckte er zusammen und seine Augen schienen sich an Jessicas Anblick festzusaugen. Und ... er begann zu lächeln! Nach einer Weile drehte er sich um und ging in Richtung Pool-Bar. Fragend schaute ich Amor an, doch der legte nur den Finger auf seine Lippen. Wir beobachteten, dass der Getroffene eine Bestellung aufgab. Mit drei Gläsern Sekt verließ er die Bar und balancierte sie in Richtung von Jessica und Nina, als plötzlich unerwartet die vier Ehepaare vom Abendessen zu den Frauen traten. Tim zögerte und bog in letzter

Minute mit den Gläsern an den Nachbartisch ab. Von dort aus beobachtete er die Szenerie. Jessica und Nina begrüßten die Paare mit „großem Hallo".

„Was nun?", fragte ich Amor vorsichtig.

„Warte ab, es wird sich entwickeln, ich habe direkt in sein Herz getroffen", gab dieser seelenruhig zur Antwort.

Wir betrachteten Tim, der die Gläser nun alleine leerte, aber Jessica und Nina keine Sekunde aus den Augen ließ. Die feierten inzwischen eine spontane Party mit den vier Frauen. Die Männer standen in einigem Abstand. Richtig Hochstimmung kam auf, als das Schiff Punkt 22 Uhr ablegte und der Kapitän das Typhon bediente, um sich mit einem lauten Hupen von der schönen Insel Fuerteventura zu verabschieden.

„Woher weißt du eigentlich, dass Tim sich für Jessica und nicht für Nina begeistern wird?", löcherte ich Amor weiter.

„Kleiner Engel, wenn du deine Hausaufgaben gemacht hättest, dann wüsstest du, dass unser Tim ausschließlich blonde Frauen attraktiv findet", zischte Amor mir nun ein wenig wütend zu.

Ich blickte hinüber zu der dunkelhaarigen Nina und sagte kleinlaut: „Ach so."

Ich flog zu den Frauen an den Tisch, denn es interessierte mich, worüber sie mit den älteren Frauen derart intensiv sprachen. Gerade erzählte eine der Frauen, dass sie insgesamt zwei Wochen an Bord bleiben würden und dass sie schon jetzt Ehekrach mit ihren Männern hätten, da diese ihren stetigen Sektkonsum seit heute Morgen missbilligten. Dabei war doch endlich Urlaub!

„Ihr lauft einige Inseln der Kanaren doppelt an", rief Jessica übermütig und fuhr fort: „Setzt sie doch diese Woche auf einer Insel aus und holt sie nächste Woche wieder ab."

Ein großes Gejohle brach an dem Damentisch aus und als Jessica ihren Kopf lachend zurückwarf, begegnete sie das erste Mal Tims Blick. Amor und ich hielten die Luft an. Tim lächelte, sie schaute schnell weg. Flüsternd berichtete sie Nina von dem Blickwechsel, doch diese wehrte ab und sagte: „Wir hatten doch vereinbart, dieses Mal keine unglücklichen Bekanntschaften und schon gar keine Sache, die an diesem Tisch anfängt!“

Jessica nickte und kehrte Tim entschlossen den Rücken zu. Nach zwei Stunden endete die Pool-Party und die älteren Frauen empfahlen sich in die Kabinen.

„Gehen wir noch auf einen Abschlussdrink in die Disco?“, fragte Nina.

„Na klar“, gab Jessica zurück, „wohin denn sonst.“

Tim beobachtete dies und folgte in einigem Abstand. Ich bewunderte seine Geduld. In der Disco war viel los und wie das immer am ersten Abend auf einer Kreuzfahrt war, herrschte ausgelassene Stimmung. Ich erklärte Amor dieses besondere Phänomen des ersten Abends, an dem Nichttänzer zu Tänzern und Früh-ins-Bett-Geher zu Nachteulen wurden. Amor schüttelte fassungslos den Kopf. Ich war stolz, wusste ich doch einmal mehr als er und ich begann, mich als Vielfahrer zu fühlen.

Der Urlaub hatte also begonnen. Morgen Nachmittag würden wir die Blumeninsel Madeira erreichen, dass auf dem Meer ein leichter Seegang herrschte, schien hier oben auf Deck 14 niemanden zu stören. Nina strebte sofort auf die Tanzfläche, während Jessica sich einen Platz an der Bar sicherte. Dort traf sie auf einen Animateur, den sie von der letzten Reise kannte. Da mussten natürlich Neuigkeiten ausgetauscht werden. Amor und ich hatten es uns im Flaschenregal hinter der Bar gemütlich gemacht. Ein echter Logenplatz. Wir saßen zwischen einer Flasche Tequila zur Linken und Cointreau zur Rechten. Doch an einen Drink für uns war nicht zu denken, wir mussten schließlich arbeiten! Stirnrunzelnd beobachtete Amor Jessica und den jungen, braungebrannten Animateur Julian, der versuchte, seinen ganzen Charme zu versprühen. Immer wieder lächelte er sie strahlend an und berührte beim Reden ab und zu ihre Schulter. Tim betrat jetzt die Disco, sah Jessica an der Bar stehen und bestellte beim Kellner. So kam es, dass wenige Minuten später ein großer, roter Cocktail vor Jessica gestellt wurde.

„Rot, die Farbe der Liebe", brabbelte ich aufgeregt.

Der Barkeeper hatte die Flasche zu unserer Linken, also den Tequila, genommen, diesen eindrucksvoll ein paar Mal in der Luft herumgewirbelt und dann lässig mit einigem Abstand in ein Glas laufen lassen.

„Himmel", sagte ich zu Amor, „der Alkoholgehalt beträgt mindestens 38 Prozent!"

„Psst", machte Amor und hielt mir mit einer Hand den Mund zu.

Er wollte die Worte des Kellners hören, der gerade Jessica den Drink schwungvoll servierte.

„Von dem Herren dort drüben", lächelte er ihr verschwörerisch, dem Animateur entschuldigend zu.

Julian nickte und verabschiedete sich knapp. Amor grinste und stupste mich in die Seite. Als Jessica sich umdrehte, stand Tim an ihrer Seite. An ihrem wissenden Blick konnte ich sehen, dass sie ihn erkannte.

„Hallo", sagte er, seine Stimme klang tief und melodisch.

„Hey", sagte sie, „was ist das für ein Cocktail?"

„Frozen Strawberry Margarita", gab er zurück.

„Kenne ich nicht", zickte sie ein wenig herum.

„Probiere doch trotzdem mal", antwortete Tim, „es ist mein Lieblingscocktail."

„Na, meiner ist Mai Thai", setzte sie nach.

Zögernd stieß sie trotzdem mit ihm an.

„Und?“, fragte Tim nach ihrem ersten Schluck.

„Geht“, lächelte sie.

Tim grinste. Nach ein paar Schlucken begann Jessica, Tim auszufragen. Der hochprozentige Alkohol tat seine Wirkung. Sie erfuhr, wie er hieß, dass er aus dem Rheingau kam und im Marketingbereich arbeitete. Sogar von seiner privaten Rinderzucht sprach er, der sonst nie viel von sich preisgab. Wir Engel können auch Gedanken hören, hatte ich das schon erwähnt? Ich glaube nicht. Was ich bei Jessica hörte, gefiel mir leider gar nicht. Sie hatte für sich beschlossen, dass dieser zwar sehr nette Mann für sie nicht infrage käme, da er zu weit von Berlin entfernt wohnte. Tim war offensichtlich anderer Meinung, denn zart, aber doch bestimmt küsste er sie nach nicht einmal zehn Minuten unvermittelt auf die Wange. Amor und ich waren kurz davor, in Ohnmacht zu fallen, ich konnte mich gerade noch an der Cointreauflasche festklammern. Jessica blickte verdattert drein und auf einmal stand ihre Freundin neben ihr.

„Was ist hier los?“, fragte Nina lauernd.

Jessica, sie schien wie in Trance, begann harmlos eine Vorstellungsrunde.

„Das ist Tim, meine Freundin Nina“, sprach sie mit harmloser Stimme.

Nina schaute Jessica wütend an.

„Kann man dich nicht mal fünf Minuten alleine lassen?“, zischte sie ihr unwirsch ins Ohr.

Amor erklärte mir unterdessen, dass, wenn nur eine Person getroffen würde und es zu Annäherungen käme, die andere Person nahezu automatisch in den Bann des Liebeszaubers gerate.

„Und warum hat das bei mir damals mit diesem Uwe nicht funktioniert?“, fragte ich.

„Dein Pfeil hatte doch damals Jessica nur gestreift, richtig?“, resümierte Amor und ergänzte: „Dann liegt der Zauber nur bei maximal 50 Prozent und überträgt sich nicht.“

Ich nickte und bewunderte meinen Boss zutiefst für sein Fachwissen. Derweil zerrte Nina Jessica entschlossen mit sich fort in Richtung Ausgang der Disco.

„Wir sehen uns morgen“, winkte Tim den Mädels hinterher und nahm den letzten Schluck von seinem Cocktail, bevor auch er in seine Kabine verschwand.

Er schien zufrieden mit dem Abend zu sein, denn er summte auf dem Weg nach Deck 5 „Ich geh mit dir, wohin du willst“ von Nena und träumte von Jessica, als er später einschlief. Das sagte jedenfalls mein allwissender Computer, den ich trotz der späten Uhrzeit noch einmal eingeschaltet hatte.

Jessica hörte sich auf der Kabine unterdessen Tiraden von ihrer Freundin an, in was sie da wieder hineintappen würde.

„Er kommt doch ohnehin nicht infrage“, gab Jessica nach, „er wohnt viel zu weit weg.“

Nina atmete hörbar aus: „Gut“, sagte sie.

Kurze Zeit später fielen beide in einen erholsamen Schlaf. Amor und ich waren ebenfalls zufrieden mit dem ersten Tag und dösten entspannt in einem Rettungsboot auf Deck 3 ein.

Genau davor trafen Jessica und Tim sich am nächsten Morgen wieder. Die Seenotrettungsübung war Pflicht für alle Passagiere. Als Amor die Plane des Boots anhob, erblickte ich die zwei. Jessica mit Sonnenbrille auf der Nase wirkte seltsam distanziert, als Tim sie freudig begrüßte.

„Das kenne ich von der ersten Reise“, flüsterte ich Amor zu, „trägt sie morgens eine Sonnenbrille, hat sie einen Kater.“

Amor zog eine Augenbraue hoch und begann schallend zu lachen.

„Den Alkoholgehalt von Cocktails sollte man nicht unterschätzen“, raunte er.

Meinem Chef war wirklich nichts Irdisches fremd. Die Übung trennte Jessica und Tim unvermittelt, da die Mädels von dem Sicherheitsoffizier weiter nach links geschoben wurden.

Nach der Übung sonnten Jessica und Nina entspannt auf Sonnenliegen am Pool. Tim lief über das Schiff und schien sie zu suchen, immer wieder blickte er nach allen Seiten. Obwohl Jessica dies sicher bemerkte, denn sie schaute genau in seine Richtung, gab sie kein Zeichen, sondern schien stur in ihrem Buch zu lesen. Als Julian sich nach einer halben Stunde auf der Nachbarliege zu einem Plausch niederließ, klappte sie freudig ihr Buch zusammen. Nina grinste. Doch der Animateur hatte wenig Zeit für Jessica. Gerade erst hatte er den Volleyball-Kurs beendet, da musste er als Nächstes schon wieder mit den Gästen am Heck ein Quiz spielen. Als das Schiff mittags Madeira erreichte, standen die Freundinnen am Bug, und Tim, der mal wieder mit drei Sektgläsern nahte, vertrieb einige andere Männer, die sich um die zwei geschart hatten. Jessica lächelte, als sie ihn kommen sah. Nina dagegen sah ungehalten aus. Die drei stießen an.

„Wollen wir gleich zusammen an Land gehen?“, schlug Tim arglos vor.

Jessica nickte zustimmend, Nina gequält. Keine halbe Stunde später gingen sie gemeinsam die Gangway hinunter. Amor und ich folgten ihnen auf dem Fuß.

„Meinst du, sie ist schon ein wenig verliebt?“, fragte ich ihn.

„Noch nicht ganz“, gab dieser zurück, „daher begleiten wir sie besser.“

Weltmännisch orderte Tim mit einer Handbewegung ein Taxi und schon waren sie auf dem Weg in die

Innenstadt von Funchal. Die Hafenstadt klebte mit ihren weißen Häusern an einem großen, grünen Berg. Sie steuerten auf die Markthalle zu. Staunend blieben sie hier und dort stehen, der ein oder andere entzückende Ausruf von Jessica war zu hören. Tim zeigte den Frauen den „Schwarzen Degenfisch", der als eine der großen Delikatessen von Madeira gilt. Jessica lauschte seinen Worten über die Zubereitung beeindruckt.

„Du kennst dich aber gut aus", staunte auch Nina.

„Kochen ist meine große Leidenschaft", verriet Tim.

„Wenn ihr Lust habt, lade ich euch heute Abend auf dem Schiff in das A-la-Carte-Restaurant ein. Der Küchenchef hat mir gestern Abend schon versprochen, dass dieser Fisch heute auf der Karte sein wird."

Jessica hüpfte vor Freude auf und ab und gab Tim ein Küsschen auf die Wange. Er lächelte verlegen. Das genügte Amor, er flog zurück zum Schiff, um sich noch ein wenig auszuruhen. Ich blieb vorsichtshalber in der Nähe „unseres Paares". Die Frauen kehrten mit Tim in eine Bar ein und genossen einen gut gekühlten Weißwein. Jessica wirkte entspannt und plapperte unaufhörlich aus ihrem Leben. Tim lächelte und hakte mit passenden Anekdoten ein. Nina schien sich überflüssig zu fühlen, denn sie nahm kaum am Gespräch teil, sondern durchstreifte mit ihren Blicken die Gegend. Später fuhren sie wieder per Taxi zurück zum Hafen.

Gegen 18 Uhr flog ich am Fenster von Jessicas und Ninas Kabine vorbei, um an den Vorbereitungen des heutigen Abends teilzunehmen. Ich konnte genau beobachten, dass Jessica in ihrem Kleiderschrank nach der passenden Garderobe kramte. Ein Kleidungsstück nach dem anderen zog sie heraus, hielt es an und legte es wieder zurück.

„Nina", rief sie ihre Freundin aus dem Bad, „ich habe nur legere Klamotten mit, Aber keine für einen Anlass wie das Essen in einem Nobelrestaurant."

Nina kam in einem weißen Bademantel gehüllt hinzu. Als Jessica später in einer schwarzen Lederhose und einer sehr schicken weißen, aber dezenten Bluse vor dem Spiegel stand, fand sie sich doch angemessen gekleidet. Ich fand sie wunderschön, sie sah sehr feminin aus. Die klassische Bluse nahm der Lederhose die Härte. Ich musste auf mich aufpassen, Engel dürfen sich nicht in ihre Schutzbefohlenen verlieben. Nicht auszudenken, was Amor sagen würde, wenn er es auch nur im Ansatz bemerkte! Einem befreundeten Engel von mir ist das mal nach jahrelanger Praxis passiert. Als „sein Paar" heiratete, saß er heulend und fluchend auf dem Kirchendach! Sein Herz war für Jahre gebrochen. Amor kann mit seinem Computer natürlich auch uns Engel überwachen und er hatte es genau auf seinem großen Monitor gesehen. Mein Freund wurde sofort in den Innendienst versetzt und schreibt seitdem die Protokolle von unseren Außenterminen. Kein schöner Job!

Tim erwartete die zwei vor dem Eingang des Restaurants und warf Jessica bewundernde Blicke zu. Amor grinste und zog übermütig an meinem Flügel. Der Maître empfing sie, begrüßte Tim herzlich und platzierte die drei an einem schönen Tisch direkt am Fenster. Tim schlug einen Champagner als Aperitif vor und Jessica entgegnete selbstbewusst: „Was sonst!"

Dies brachte ihr einen Tritt von Nina gegen ihr Schienbein ein. Das Gespräch beim Dinner entwickelte sich unerwartet für Jessica zum Nachteil. Nach einem Gruß aus der Küche, einem Lachstatar, folgte ein Crevetten-Cocktail. Danach wurde ein Schaumsüppchen von Romanesco serviert. Beim Zitronensorbet entdeckten Tim und Nina ihre gemeinsame Vorliebe für historische Romane. Jessica, die Krimis von Nele Neuhaus liebte, nahm immer weniger am Gespräch teil. Sie blickte minutenlang mit leerem

Blick durch das Restaurant. Hin und wieder betrachtete sie Tim von der Seite, doch er sah es nicht. Es schien so, als ob es für ihn nichts Spannenderes gäbe, als Ninas Ausführungen über eine vergangene Reise nach Paris zu lauschen, bei welcher sie auf den historischen Spuren von Marie Antoinette gewandelt war. Nina schien ganz vergessen zu haben, dass sie Tim gegenüber zurückhaltend sein wollte.

„Haben sie zu wenig gemeinsam?", wisperte ich Amor zweifelnd zu.

„Unsinn", donnerte dieser sofort los, „das wird schon, sie werden noch viel voneinander zu lernen haben."

Amor und ich saßen übrigens draußen auf der Fensterbank und drückten uns an der Scheibe die Nase platt. Bei den ganzen Leckereien auf dem Tisch war mir das Wasser im Mund zusammengelaufen. Speziell der schwarze Degenfisch, der als Hauptgang mit Reis serviert wurde, hatte sehr lecker ausgesehen. Unter der schwarzen Außenhaut war helles Fleisch zutage gekommen. Ich presste mein linkes Ohr an die Scheibe, um Tims Gedanken besser hören zu können.

„Was denkt er?", fragte Amor.

Das intensive Meeresrauschen übertönte einfach alles.

„Er freut sich über ein anspruchsvolles Gesprächsthema", übersetzte ich dem Boss.

Dieser runzelte die Stirn.

„Jessica hat heute Nachmittag in der Bar zwar viel erzählt, aber wenig von sich persönlich preisgegeben", erklärte ich Amor.

„Das liegt an ihren negativen Erfahrungen", folgerte Amor und fuhr fort: „Was denkt sie?"

Erneut presste ich mein Ohr dicht an das Fenster.

„Sie zweifelt mal wieder und denkt über die weite Entfernung zwischen ihnen nach", sagte ich traurig.

Ein Dessert schaffte an diesem Abend keiner mehr und so kam es, dass sie für uns recht unvermittelt aus dem Restaurant aufbrachen. Wir flogen schnell wieder ins Schiffsinnere und hefteten uns an ihre Fersen. Tim steuerte für einen „Absacker" direkt die „Sternen-Bar" an. Noch immer sprachen Tim und Nina über die erwähnten Romane. Jessica gähnte herzhaft. Da erblickte sie direkt am Tresen gegenüber die netten vier Ehepaare und entschwand mit einem: „Bin mal kurz weg".

Tim und ihre Freundin schienen es nicht einmal zu bemerken. Der Boss fluchte. Ich folgte Jessica auf die andere Seite des Tresens, Amor blieb bei Tim und Nina. Er setzte sich mitten auf den Tresen zwischen ihre zwei Gläser. Als ob das helfen würde! Lustig unterhielt Jessica sich schon mit den Paaren, als ich im Anflug war. Ich setzte mich auf ihre Schulter und machte Amor Zeichen, dass er ja aufpassen sollte. Die Paare erzählten Jessica munter und ausführlich, was sie am Tag alles erlebt hatten. Natürlich waren sie auch in der Markthalle gewesen, wanderten dann aber zum Korbschlittenfahren auf den kleinen Berg über der Stadt. Sie hatten einen grandiosen Ausblick von dort oben auf das im Hafen liegende Schiff gehabt. Einer der Männer zeigte Jessica Fotos auf seiner Kamera. Ich registrierte deutlich, dass sie immer mal wieder zu Tim schaute. Plötzlich trat Julian zu der Gruppe. Er hielt ein grünes Plastiktier mit großen Glupschaugen im Arm.

„Was ist das denn?", dachte ich entsetzt.

Er stellte das „Tier" auf den Tresen, öffnete geschickt sein großes Maul. Zum Vorschein kamen riesengroße Zähne.

„Wer spielt mit mir eine Runde Kroko?", fragte er gut gelaunt und nahm Jessica lässig in den Arm, die schallend loslachte.

Das hörte auch Tim. Finster betrachtete er die Szenerie gegenüber am Tresen. Als ich ihn genauer ansah, stellte ich fest, dass er nach langer Zeit mal wieder genervt aussah, die Konversation mit Nina schien ihn inzwischen zu langweilen. Angewidert starrte Amor das grüne Tier aus der Ferne an. Julian erklärte, dass nun jeder auf einen Zahn des Tieres drücken müsste. Bei wem es zuschnappen würde, der hätte verloren und müsste einen Schnaps für die Runde ausgeben. Jessica drückte den ersten Zahn, nichts geschah. Julian hielt sie noch immer im Arm.

Da kam auch schon Amor angeflogen, zückte einen weiteren Pfeil aus seinem Köcher und kitzelte Jessica damit leicht am Hinterteil.

„Nur zur Sicherheit", wisperte er mir zu.

Verächtlich betrachtete er das grüne Tier. Ich hatte inzwischen in meinem Computer recherchiert, dass es ein Krokodil war!

„Seltsame Spiele", dachte ich verwundert.

Jessica zuckte bei der Berührung mit dem Pfeil zusammen. In dem Moment schnappte das Kroko bei einer der älteren Damen zu. Jessica sah zu Tim hinüber, er lächelte. Recht zügig trank sie den servierten Schnaps aus, wand sich aus Julians Arm und verabschiedete sich schnell. Sie kehrte zu Tim und Nina an den Tresen zurück. Julian blickte ihr bedauernd nach.

„Na, alles gut?", fragte sie.

Tim nahm sie in den Arm und sagte: „Ja, jetzt schon."

Amor und ich gaben uns ein „Shakehands" mitten über der sternenförmigen Bar. Wir mussten aufpassen, auch hier jonglierten die Barkeeper, und Amor hätte fast ein Glas am Kopf getroffen. Der Verlauf des weiteren Abends war sehr positiv für uns. Zwischen Tim und Jessica entwickelte sich ein intensives Gespräch, als er spontan nach ihren schönsten Kindheitserinnerungen fragte. Endlich war sie bereit, Persönliches zu erzählen.

„Geschickt", dachte ich, „über die Vergangenheit zur Gegenwart und vielleicht in die Zukunft?"

Jessicas Freundin lernte inzwischen einen Mann kennen, der neben ihr an der Bar Platz nahm und dem sie sofort ihre ganze Aufmerksamkeit schenkte. Tim verließ gegen Mitternacht mit Jessica die Bar. Nina war so mit ihrer neuen Eroberung beschäftigt, dass sie es gar nicht bemerkte. Es war einer der Männer, mit denen sie mittags bei der Anfahrt auf Madeira geschäkert und die Tim durch seinen „Sekt-Auftritt" verscheucht hatte. Als wir später an Tims Kabinenfenster vorbeiflogen, sahen wir die beiden eng umschlungen auf dem Bett liegen. Sie erzählten sich weitere Geschichten aus ihrem Leben. Inzwischen war „unser Paar" schon bei der Schulzeit und dem Abitur angekommen. Ab und an küssten sie sich. Ich versuchte aufkommende Eifersuchtsgefühle in mir zu verdrängen. Amor schien das zu fühlen, was merkte er nicht? Ich erkannte es an seinem strengen Blick. Er teilte mich zur Wache vor ihrer Kabinentür bis 6 Uhr früh ein.

„Ich muss mal nach der Rückkehr in den Himmel mit der Engel-Gewerkschaft über diese endlos langen Arbeitstage sprechen", dachte ich und bezog murrend meine Position.

Müde, aber stolz konnte ich am nächsten Morgen, als ich in unser Rettungsboot kroch, berichten, dass Jessica Tims Kabine bis jetzt nicht verlassen hatte. Durch das Fenster konnte ich leider nicht schauen, denn das Rollo war inzwischen heruntergelassen. Amor war zufrieden, klopfte mir auf die Schulter und wies mich an, nun erst einmal auszuschlafen. Nur zu gern befolgte ich diesen Befehl.

Ein ganzer Tag auf See stand auf dem Programm und Jessica und Tim verbrachten ihn in trauter Zweisamkeit. Die Sonne lachte dazu vom Himmel und gegen

Mittag erreichte die Außentemperatur fast 25 Grad. Sie schwammen im Pool, sonnten auf der Liege und spielten sogar eine Partie Shuffleboard. Dieses Spiel wurde von Julian geleitet. Jessica freute sich sichtlich darüber. Tim verzog jedes Mal das Gesicht, wenn er allzu vertraute Gesten zwischen den zweien bemerkte, sagte aber nichts. Das eigentliche Hauptgesprächsthema an diesem Tag war jedoch Nina. Als Jessica gegen 10 Uhr morgens leise die Kabinentür öffnete, um die Freundin nicht zu wecken, musste sie feststellen, dass die Kabine leer und Ninas Bett unberührt war. Jessica sorgte sich ein wenig, doch Tim beruhigte sie. Später am Abend erfuhr Jessica, dass Nina die ganze Nacht bei der netten Barbekanntschaft gewesen war. Jessica versuchte ihr noch mehr Details zu entlocken, doch Nina schwieg dazu. Tags darauf erreichte das Schiff den Hafen von La Gomera. Jessica und Tim hatten gemeinsam mit Nina eine Jeep-Tour über diese imposante, grüne Insel gebucht. Amor und ich blieben an Bord zurück und trafen uns zu einem „Arbeitstreffen" auf dem Pool-Deck. Wir beobachteten die drei, die gerade in die Jeeps einsteigen wollten, die an der Pier bereitstanden.

„Ach, schau mal, Amor", deutete ich hinunter, denn ich konnte beobachten, dass Ninas neue Bekanntschaft sich zu ihnen gesellte.

Offenbar hatte auch er diesen Ausflug gebucht. Amor schaute in seinen Computer und sagte: „Ich habe ihn gestern an der Bar vorsichtshalber eingescannt."

Ich lauschte gespannt, wieder war mein Boss cleverer als ich gewesen.

„Thomas aus Gelsenkirchen, 52 Jahre alt, geschieden. Er besitzt eine Tankstelle."

Gerade sah ich, dass Thomas Nina zur Begrüßung leidenschaftlich küsste.

„Auftrag doppelt erfüllt oder, Chef?“, fragte ich zaghaft, aber dennoch mit großer Bewunderung.

„Es schaut gut aus mit Jessica und Tim“, gab Amor nickend zu, „doch wir müssen auch für Nachhaltigkeit sorgen.“

Fragend hob ich meine Augenbrauen.

„Kleiner Engel, dies soll ja keine Urlaubsromanze bleiben, sondern die Liebe fürs Leben werden. Wie schon erwähnt, brauchen die zwei sich. Wir müssen noch sicherstellen, dass sie sich auch wiedersehen nach dieser Woche im momentan fernen Deutschland, dann ist unser Auftrag erfüllt. Bei Nina und Thomas bin ich mir sicher, dass es nur eine Affäre wird, er ist doch viel zu alt für sie.“

Ich nickte und konnte es nicht unterlassen, dem Jeep hinterherzuwinken, der sich gerade brummend in Bewegung setzte. Ich wusste, es war albern, da Menschen uns nicht sehen können, doch mir war einfach danach. Amor schüttelte den Kopf und forderte mich auf, endlich mit der Arbeit zu beginnen. Den ganzen Tag entwickelten wir verschiedene Konzepte, um Jessicas und Tims Liebe dauerhaft zu machen. Als wir die vier am Abend zurückkommen sahen, wirkten sie ausgelassen und fröhlich. Jessica und Tim gingen Hand in Hand an Bord, Thomas' Arm lag auf Ninas Schultern. Es schien ein wunderbarer Tag gewesen sein. Nach einem gemeinsamen Abendessen im Buffetrestaurant besuchten sie noch die Pool-Bar, da das Wetter es zuließ. Amor und ich machten es uns auf dem großen Zapfhahn gemütlich und wir waren gespannt, Details von dem Tag zu erfahren und natürlich den Verliebtheitsstatus zu überprüfen. Tim nahm Jessica in den Arm, schaute ihr tief in ihre braunen Augen.

„Besuchst du mich mal nach dieser Reise?“

„Ja“, hauchte Jessica.

Ich vollführte vor Freude ein Tänzchen auf dem Hahn, auch wenn damit klar war, dass meine Gefühle für Jessica nun wirklich eingestampft werden müssten. Amor packte mich am Flügel und zog mich energisch zurück auf den Hahn.

„Wann?", fragte Tim nach.

„Ich weiß nicht, mein Terminkalender ist im Tresor",

gab sie zurück. Amor fasste sich stöhnend an den Kopf und auch ich konnte diese Antwort von ihr kaum glauben.

„Ohne ihren Kalender kann Jessica nicht leben", mischte sich Nina vom Nachbarhocker lautstark ein und fuhr fort: „Geschäftsessen hier, Hotelbesichtigung dort, dann eine Inforeise ans andere Ende der Welt. Als Reisebüroleiterin ist sie quasi dauernd unterwegs. Ich muss ein Treffen monatelang vorher mit ihr abstimmen!"

Nina kicherte albern, was sicher am stetigen Alkoholgenuss lag. Tim schaute ein wenig distanziert zu Jessica. Genau in diesem Moment erschien Julian, stellte sich unbefangen zwischen Jessica und Tim und sagte: „Na, Schöne, ist die Insel La Gomera nicht ein Traum gewesen?"

Jessica nickte eifrig und ging sofort und mit umfangreichen Worten auf seine Frage ein. Tim verließ die Pool-Bar, kehrte jedoch wenige Minuten später zurück.

„Er musste wohl mal", raunte ich Amor zu.

Der rollte mit den Augen. Inzwischen hatte Julian Jessica auf einen Drink eingeladen. Tim ignorierte dies und wartete ein paar Minuten stehend neben den beiden ab. Auf einmal ging Julians Handy.

„Ich muss leider fort in die Disco, da ist schon der große Ansturm", entschuldigte er sich bei Jessica. Sie nickte verständnisvoll.

„Kommt ihr auch noch dorthin?", hakte er nach.

Jessica zuckte mit den Schultern, aber Tim sagte bestimmt: „Heute sicher nicht."

Mit einem letzten Winken verschwand der Animateur in Richtung Ausgang. Tims Sturheit war so zäh wie die seiner Rinder, wenn sie etwas wollten. Er brachte das Gespräch wieder zurück auf den Kalender.

„Na, wenn du so viel unterwegs bist, dann muss man ja einen Kalender führen", entgegnete er scheinbar locker, aber seine Stimme klang angespannt, „wir werden den morgen mal aus dem Tresor befreien, was meinst du?"

Jessica lächelte und küsste Tim lange und intensiv auf den Mund. Ich klatschte Applaus, verlor dabei mein Gleichgewicht und plumpste unsanft auf den Boden hinter der Bar. Amor schüttelte sich vor Lachen. Er flog zu mir hinunter, half mir auf und sagte.

„Komm, kleiner Engel, für heute haben wir genug gearbeitet, wir ziehen uns in unser Rettungsboot zurück. Außerdem unterhalten wir uns über diesen Julian!"

Ich folgte brav und ein wenig ängstlich, wobei ich mir das schmerzende Hinterteil rieb.

Am folgenden Tag erreichten wir Arrecife, den Hafen von Lanzarote, der kargsten Insel der Kanaren. Amor rüttelte an meiner Schulter.

„Wach auf, kleiner Engel, es ist etwas passiert."

Wie von der Tarantel gestochen fuhr ich hoch: „Ist was mit Jessica?"

„Ich weiß nicht genau, es muss gestern Abend etwas vorgefallen sein. Als ich eben am Frühstückstisch von Jessica und Tim draußen am Heck vorbeiflog, sah ich sie ernst diskutieren."

Schnell sausten Amor und ich Richtung Heck. Im Vorbeifliegen warf ich nur einen kurzen Blick auf die beeindruckenden schwarzen Feuerberge. Als wir um die Ecke bogen, verstand ich, was Amor meinte. Tim redete mit ernster Miene auf Jessica ein, die beide Arme vor ihrem Körper verschränkt hielt. Wir setzten uns rechts und links auf Tims Schultern und lauschten ängstlich seinen Worten. Schnell merkten wir, dass es nichts mit Jessica zu tun hatte, es ging um Nina! Wir erfuhren, dass die Freundin und Thomas am Vorabend noch alleine auf einen letzten Drink in die Disco gegangen waren. Als Nina von einem Toilettengang zurückkehrte, küsste Thomas gerade eine andere Frau.

„Unfassbar, wie diese Menschen mit Gefühlen anderer umgehen", kommentierte der weise Amor.

Anstatt Thomas anzusprechen, begann Nina auf der Stelle mit einem Mann zu flirten, der in Reichweite stand. Er war ein Mitglied der Crew, ein Golflehrer. Jessica fand ihn dann zu ihrer Überraschung heute Morgen in ihrer Kabine bei Nina schlafend vor, als sie von der Übernachtung bei Tim zurückkehrte. Sie duschte nur kurz, zog ein paar neue Sachen an und verließ die Kabine sofort wieder. Tim, der Thomas zufällig zur gleichen Zeit an Deck getroffen hatte, erzählte allerdings, dass nach dessen Version, Nina von der Toilette zurückkehrte und dann mit einem anderen Mann flirtete. Anhand des Namenschildes habe er gesehen, dass es ein Crewmitglied war. Nachdem Jessica das von Tim gehört hatte, ging sie wieder in ihre Kabine zurück, um Nina zur Rede zu stellen, und auch, um diesen Mann aus der Kabine zu befördern. Nina war allein, als sie eintrat, und weinte. Sie entschuldigte sie sich bei Jessica und erklärte ihre Sichtweise.

„Ich werde die Kabine während der Reise nicht mehr verlassen."

Jessica erfuhr, dass der Golflehrer sich vorhin wohl nur sehr knapp von ihr verabschiedet hatte, der nächste Grund für eine Tränenflut. Jessica glaubte natürlich ihrer Freundin. Tim versuchte ihr später klarzumachen, dass auch Thomas sehr glaubhaft und entrüstet geklungen hätte.

„Crewmitglieder dürfen keinen näheren Kontakt zu Gästen suchen, sie könnten dafür gefeuert werden", sagte Tim mit ernster Stimme und setzte nach: „Das gilt übrigens auch für Animateure."

Jessica blickte ihn überrascht und ein wenig verwundert an. Doch sie schwieg. Schließlich stand Tim auf, zog Jessica vom Stuhl hoch, schloss sie innig in die Arme und meinte: „Komm, wir können momentan nichts tun. Wir beide machen uns jetzt einen traumhaften Tag auf Lanzarote."

Jessica kuschelte sich an ihn, er spürte jedoch eine gewisse Zurückhaltung. Amor und ich waren bei seinem abrupten Aufstehen fast zu Boden gegangen. Nun blieben wir nachdenklich zurück.

„Was machen wir jetzt?"

Ich fand als Erster meine Sprache wieder.

„Nichts, wir ruhen uns aus, heute Abend müssen wir präsent sein. Überwache du nur hin und wieder mit deinem Computer Jessicas und Tims Ausflug", befahl Amor.

Das tat ich dann auch. Als ich gegen Mittag ihr Bewegungsprofil aufrief, konnte ich sehen, dass sie mit einem Jeep in den schwarzen Feuerbergen waren. Jessica weigerte sich gerade lachend, auf ein Kamel aufzusteigen. Ich war beruhigt. Entspannt döste ich weiter im Rettungsboot. Als Amor von einem Erkundungsflug zurückkam, berichtete er, dass Nina noch immer in der Kabine läge. An der Pool-Bar hatte er dann Thomas mit dem Golflehrer entdeckt. Sie hatten schon ein paar Bier zusammen getrunken.

„Die Rivalen haben Frieden geschlossen?", fragte ich ungläubig.

„Scheint so", meinte Amor.

„Sie scheinen keine ernsthafte Partnerschaft zu suchen, sondern nur Spaß."

Mein kleines Engelherz konnte nicht verstehen, wie man Zärtlichkeit ohne Gefühl austauschen konnte.

„Hm", machte ich und schaute erneut in meinen Computer.

Ich sah, dass Jessica und Tim gerade ein landestypisches Lokal verließen. Sie bestiegen den Jeep, und bevor Tim den Motor startete, küssten sie sich leidenschaftlich.

„Wenigstens ist bei den beiden alles in bester Ordnung", meinte ich.

„Ja, fast", resümierte Amor und fuhr fort: „Tim hat das mit Julian noch nicht richtig erkannt, ich frage mich, warum Jessica es ihm nicht sagt."

Ich zuckte hilflos mit den Flügeln und fragte mich, warum Liebe auf Erden so unendlich kompliziert sein musste. Heute Nacht hatte Amor mir einen ernsten Vortrag über die Erfüllung der Vermittlungsquoten gehalten. Klar, auch Amor hat einen Boss und dieser hatte ihm Druck gemacht. Die Partnervermittlungsseiten im Internet nahmen in den letzten Jahren rapide zu. Daher war jeder Auftrag für uns wichtig. Amor machte sich Sorgen, dass er eventuell nächstes Jahr bei seinen Gehilfen personelle Einsparungen vornehmen müsste. Nach dieser Ansage schlief ich sehr schlecht und erst gegen 5 Uhr morgens ein. Schon jetzt bei meinem zweiten Außendiensttermin auf einem Schiff hatte ich bemerkt, wie sehr mir diese Arbeit gefiel. Nicht auszudenken, wenn ich wieder ohne Job im Himmel sitzen müsste! Ich wollte etwas von der Welt hier draußen sehen!

Jessica und Tim kehrten kurz vor dem Ablegen auf das Schiff zurück und sahen sofort nach Nina, die sich immer noch weigerte, die Kabine zu verlassen.

„Du musst etwas essen, Liebes", sagte Jessica.

Nina schüttelte den Kopf. Tim verließ die Kabine. Als er kurze Zeit später zurückkehrte, brachte er einen Teller mit, der randvoll mit kleinen, kalten Köstlichkeiten aus Spanien gefüllt war. Es gab Schinken, Käse, Tomaten und auch an ein wenig Brot hatte er gedacht. Zudem balancierte er noch drei Gläser Rotwein vorsichtig in der rechten Hand. Nina griff beim Anblick der Speisen beherzt zu. Die drei stießen mit dem Rotwein an.

„Jessi", sprach Nina kauend, „du hast einen wahren Traummann gefunden, halt ihn für immer fest!"

Jessica und Tim tauschten einen tiefen Blick. Ich begann ein wenig zu weinen, Amor verdrehte die Augen. Wir hatten uns gemütlich in Jessicas Bett gekuschelt und hielten Wache. Doch es geschah nicht mehr viel an diesem Abend. Nachdem Nina tatsächlich die ganzen Tapas verputzt hatte, teilte sie Jessica und Tim mit, dass sie heute trotzdem auf der Kabine bleiben würde. Als sie sich verabschiedeten, dankte sie Tim herzlich für seine Fürsorge. „Unser Paar" ging noch auf einen Cocktail in die Disco. An die Bar gelehnt stand der Golflehrer mit Thomas. Sie bemühten sich emsig, ein paar Damen zu beeindrucken. Jessica blickte suchend umher. Tim bemerkte dies und fragte: „Vermisst du jemand?"

„Ja", sagte sie, „Julian ist gar nicht da."

Tim seufzte, antwortete aber nicht darauf. Amor knurrte genervt und machte mir Zeichen, es war Zeit für unser Rettungsboot. Als ich am nächsten Tag erwachte, wurde mir bewusst, dass dieser der Letzte an Bord war. Tim und Jessica lagen den ganzen Tag entspannt mit Nina, die wieder die Kabine verlassen hatte, an Deck und sonnten sich. Keiner der drei würdigte Thomas oder den Golflehrer auch nur eines Blickes. Am Nachmittag hieß es für alle Koffer packen. Auch ich räumte unser Rettungsboot auf, der Urlaub ging zu Ende.

Am Abend fand die Farewell-Party auf dem Pool-Deck statt. Dieses Mal war Tim mit Jessica und Nina dort. Speziell die vier älteren Paare betrachteten die Situation ganz genau.

„Ist er denn auch was für zu Hause?", raunte eine Dame Jessica ins Ohr.

Diese nickte überglücklich.

„Er hat mich eingeladen, schon nächstes Wochenende fahre ich in den Rheingau", antwortete sie glücklich mit strahlenden Augen und sichtlich stolz.

Die viel ältere Frau drückte Jessica liebevoll die Hand. Nach dem üblichen Feuerwerk, das am letzten Abend über dem Deck entzündet wurde, kam Julian locker angeschlendert. Als er Jessica sah, ging er zu ihr hinüber, nahm sie wie selbstverständlich in den Arm und drückte sie fest.

„Wann sehe ich dich wieder an Bord?" fragte er mit fröhlicher Stimme.

Da ging in dem ruhigen Tim eine Wandlung vor. Sein sonst freundliches Gesicht verfärbte sich rot vor Wut und er schnauzte Jessica an: „Das würde mich auch sehr interessieren. Was hast du eigentlich mit diesem Mann gehabt, dass ihr so vertraut seid?"

Amor und ich rangen um Luft. Ich musste mich auf die Deckplanken setzten, da ich mich kaum noch in der Luft halten konnte. Nina erkannte die Situation, beruhigend legte sie Tim eine Hand auf den Arm, doch der schüttelte sie unwirsch ab.

„Tim", sagte Nina und zog ihn ein Stück zu sich heran.

„Tim, Jessica hatte gar nichts mit Julian. Das geht doch gar nicht."

Noch wütend, aber leicht besänftigt, sah Tim Nina an. Die flüsterte in sein Ohr: „Tim, Julian ist doch schwul, hast du das nicht gemerkt?"

Erst schaute Tim ungläubig, dann lachte er laut, küsste die verdutzte Jessica auf den Mund, die bei seinem Wutausbruch wie versteinert dagestanden hatte. Im Anschluss schlug er Julian auf die Schulter und entschuldigte sich wortreich. Dieser lachte und sagte: „Gar kein Problem, Mann, ich war ohnehin davon ausgegangen, auch dich wieder mit Jessi zu sehen, sorry, wenn ich das nicht so gesagt habe, mir war das klar."

Amor und ich flogen in verschlungenen Herzformen ein ums andere Mal über das Deck. Schade, dass uns wirklich niemand sehen konnte, unsere Flugakrobatik war einfach perfekt.

Als am kommenden Morgen der Abschied von Tim kam, weinte Jessica bitterlich. Amor und ich waren ganz dicht an den beiden dran. Ich weinte ebenfalls Rotz und Wasser. Tim nahm Jessicas Kinn in die Hand und sagte, selbst überwältigt von seinen Gefühlen: „Schau, Jessi, dies war doch nur der Anfang. Wir sehen uns in sechs Tagen wieder und ich melde mich bei dir, ich verspreche es."

Darauf folgte ein langer Kuss, und dann musste Tim das Schiff verlassen, um seinen Flieger nach Frankfurt zu erwischen. Jessica und Nina hatten bis zum Abend noch Zeit, die sie an Deck verbrachten. Als zu Tims Startzeit ein Flugzeug am Himmel zu sehen war, hob sie grüßend die Hand mit einem seligen Lächeln.

Amor hatte schon heute Morgen in aller Frühe die lange Heimreise angetreten. In unserer Zentrale waren einige Notfälle eingegangen. Ich blieb noch bei Jessica, nur zur Sicherheit und zu ihrem Beistand, vielleicht konnte sie mich ja doch fühlen? Seit Tim das Schiff verlassen hatte, meldete er sich ständig. Er rief aus dem Transferbus an, danach vom Flughafen. Als er in Frankfurt gelandet war, meldete er sich wieder. Das war der Zeitpunkt, als auch Jessica endlich in ihren Flieger nach Berlin stieg. Nina schaute bei jedem Anruf ein wenig neidisch, aber dennoch gönnte sie es ihrer Freundin von Herzen.

„Du hast die große Liebe gefunden auf dieser Reise, da bin ich mir sicher", sagte sie.

Jessica stimmte nickend zu und sagte: „Ja, das glaube ich auch. Komisch, es fühlt sich für mich an, als ob wir füreinander bestimmt sind. Vielleicht ist es Schicksal, dass wir uns finden sollten, zumal wir uns ja letztes Jahr nicht getroffen haben."

Nina bejahte. Mehr musste ich am Flughafen von Fuerteventura nicht mehr hören. Ich hauchte Jessica noch einen nicht spürbaren Kuss auf die Wange und machte mich auf den Weg in die Zentrale.

Als ich nach zwei langen Tagen dort eintraf, erwartete mich Amor schon. Wieder saß ich in seinem Büro vor ihm in dem großen Sessel.

„Kleiner Engel, nun hast du gesehen, wie es sich entwickeln kann, wenn auch nur ein Pfeil trifft."

Dann winkte er mich zu sich, langsam ging ich um den Tisch herum. Er deutete auf seinen großen Computerbildschirm, auf dem ein Film lief. Ich sah Jessica und Tim. Jessica hatte längere Haare und Tim wirkte ein wenig rundlicher. Da begriff ich, Amor ließ mich in seinen Zukunftsgenerator schauen, eine besondere Ehre, denn dieses Gerät war normalerweise für uns Engel ein absolutes Tabu. Ich bekam sofort eine Gänsehaut und meine Flügel zitterten. Die zwei verließen gerade ein Standesamt. Jessica hatte einen kleinen Blumenstrauß in der Hand und trug einen atemberaubenden Abendanzug, ganz in weiß. Tim wirkte ebenso elegant in einem schwarzen Smoking. Gerade wurden sie von vielen mir unbekannten Leuten umringt. Ich rückte dichter an den Monitor.

„Da", rief ich aufgeregt, „Jessicas Freundin von der ersten Reise. Und da! Schau mal, Nina. Sie sind alle da!"

Ich konnte mich vor Begeisterung kaum noch einkriegen und hüpfte wie ein Kind auf und ab.

„Ja, Nina", sagte Amor nachdenklich.

„Guck mal, jetzt drückt sie Jessica", schrie ich.

„Genug gesehen", sagte Amor und schob mich wieder auf den Platz vor seinem Schreibtisch zurück, schaute aber noch ein paar Minuten schweigend alleine auf den Bildschirm.

„Nun haben wir aber unser Ziel wirklich erreicht",

plapperte ich munter vor mich hin. Amor nickte zustimmend, erwiderte aber: „Richtig, kleiner Engel, was Jessica und Tim betrifft, stimmt das. Doch nun ist es an der Zeit, dass wir uns um Nina kümmern müssen. Trotz des freudigen Anlasses schaut sie seltsam traurig aus."

Amor tippte rasch auf seiner großen Tastatur einige Worte in den Computer. Ich ahnte, dass er Ninas Beziehungsstände der letzten Zeit abfragte.

„Das wird wahrlich nicht einfach werden", schlussfolgerte er, „eine Enttäuschung in der Liebe jagt die andere."

Mir gab diese Vorschau in die Zukunft einen kleinen Stich in mein Engelherz. Doch als ich sah und endlich begriff, wie glücklich Jessica mit Tim werden würde, entspannte ich mich und begann die Situation, so wie sie war, zu akzeptieren. Alleine ihr Glück gesehen zu haben und zu wissen, dass wir unseren Auftrag erfüllt hatten, war ein so solch tolles Erlebnis, dass ich eine wohlige Wärme in mir aufsteigen fühlte. Voller Tatendrang bat ich den großen Amor, mir diesen Auftrag zu überlassen. Auch Nina sollte die große Liebe finden – durch einen aus meinem Bogen abgeschossenen Pfeil.

Häufig gestellte Fragen

Lieber Leser,
ich hoffe, meine Geschichten haben Ihnen gefallen. Ich bin seit Jahren begeisterte Kreuzfahrerin. Umgerechnet habe ich bereits ein ganzes Arbeitsjahr auf Schiffen verbracht, natürlich ohne dort wirklich beruflich tätig zu werden. Viele Dinge, die ich erfahren habe, stecken in diesem Buch. Daher kann ich nicht behaupten, dass alle Personen und Handlungen frei erfunden sind. Personen, die sich deutlich erkennen, wurden vor der Veröffentlichung um ihr Einverständnis gebeten. Seit Januar 2013 habe ich an der Entstehung des Buches gearbeitet. Meine lieben Probeleser haben gelegentlich Fragen zu den Geschichten gestellt, die in diesem Kapitel beantwortet werden.

Immer wieder dienstags
Als ich eines Tages im Internet auf Facebook ein Foto von einer lieben Bekannten sah, inspirierte es mich zu diesem „Seegang". Vier große Kreuzfahrtschiffe lagen im Hafen von Civitaveccia und ich fragte mich, was sie sich wohl zu erzählen hätten. Nun wissen Sie auch, was einen kleinen „Klassiker" ausmacht. Schiffe, die Bug an Bug liegen, sind seitdem eines meiner Lieblingsmotive im Hafen. Und sie sprechen wirklich miteinander, da bin ich mir ganz sicher.

20 Jahre
Udo Gassner, was war das bloß für ein Mann? Der Seegang endet mit einem Rätsel und beschert den drei schwarzhaarigen Frauen eine große Überraschung. Hatte er doch eine Geliebte oder handelte es sich womöglich um die zweite Tochter? Ich habe dazu eine klare Vorstellung im Kopf, überlasse jedoch das offene Ende Ihrer Fantasie.

Drei Mann auf einem Boot
Mein Heimathafen ist Travemünde. Die Fähren, die dort ein- und ausfahren, gehören einfach mit zu diesem kleinen Städtchen an der Ostsee. Kein Wunder, dass auch sie nun einmal in einem „Seegang“ gelandet sind. Es war spannend, diese unterschiedlichen Charaktere zu erschaffen. Beim „Platt“ von Kalli haben meine Mutter und eine langjährige Freundin meiner Eltern, Margrit, geholfen. Sie spielt schon seit vielen Jahren für die Niederdeutsche Bühne in Lübeck. Ich bin mir sicher, dass Hans(-Hugo), Kalli und Josef ihre Kreuzfahrt um die Welt antreten und ihre Einsamkeit nun für immer vorbei sein wird.

Offline
Haben Sie sich hier auch manchmal ertappt gefühlt? Ich schon, gehöre ich doch zu der Spezies, die selbst an der Kasse im Supermarkt noch ihre Mails checken muss. Eine Unart, meint mein Mann. Aber die Kreuzfahrt früher muss wirklich sehr spannend gewesen sein. Schon oft habe ich ältere Mitreisende getroffen, die davon berichteten. Auch eine Recherche in einer Kreuzfahrtgruppe beim Netzwerk Xing ist hier mit eingeflossen. Merken Sie was? Wie hätte ich bloß früher diesen Seegang schreiben können? ☺

Ausgepackt
In meinem ersten Buch hat die Geschichte „Ich packe meinen Koffer“ meine Leser begeistert. Bei einer Abstimmung,

welcher Seegang in Teil 2 fortgesetzt werden soll, hat der „Koffer“ gewonnen. Diesen Seegang wollte ich nie fortsetzen, hatte dann aber beim Schreiben sehr viel Spaß, so wie Sie hoffentlich auch beim Lesen. Wieder überrascht das offene Ende. Eine weitere Fortsetzung schließe ich nun übrigens nicht mehr aus.

54 Grad Nord, 8 Grad Ost
Das entzückende, kleine Kapitänshaus gibt es wirklich. Es befindet sich auf der Insel Sylt in Westerland und heißt im wahren Leben „Haus Noge“. Im Frühjahr 2013 verbrachte ich mit meinem Mann dort einen Kurzurlaub. Der Charme des Hauses und seiner Besitzer inspirierte mich sofort und noch im Haus schrieb ich die ersten Ideen zu diesem „Seegang“ nieder. Die Geister habe ich leider nicht gesehen, aber ich bin mir sicher, sie in einem Folgeprojekt zu diesem Werk anzutreffen.

Heimkehr
Mal ehrlich, dieses Gefühl kennt doch jeder Kreuzfahrer, oder? Speziell die Stille daheim überrascht mich immer wieder aufs Neue. Inspiriert wurde ich zu diesem Seegang von einem sehr lieben Fan aus der Schweiz. Sie schreibt einfach ganz wunderbare Reiseberichte und ich teile ihre Liebe zur „MS Astor“. Und es gilt: Nach der Kreuzfahrt ist vor der Kreuzfahrt, klar, oder?

Gesellschaftsspiel
Dieser sicher sehr satirische „Seegang“ soll keinen Vielfahrer bloßstellen. Ich bin ja selbst einer. Aber er soll einmal zum Nachdenken anregen. In der virtuellen Kreuzfahrtwelt im Internet gibt es immer viele Konflikte und Auseinandersetzungen. Ich finde das schade und mir nimmt es mehr und mehr die Lust, mich dort einzubringen.

Wir haben doch alle das gleiche Hobby, warum kann man sich nicht auch gemeinsam freuen?

Stonehenge
Im Mai 2013 habe ich im Rahmen einer Kreuzfahrt Stonehenge besucht. Es hat mich so nachhaltig beeindruckt, dass es unbedingt in einem Seegang festgehalten werden musste. Spannend und zugleich erschreckend, so ein Blick in die Zukunft, oder? Science Fiction ist normalerweise nicht meine Richtung und ich hätte ohne die Lektüre von zwei Büchern meiner Autorenfreundin Jacqueline Montemurri als Recherche diesen Seegang sicher niemals so schreiben können.

Der Korb
Keine leichte Kost, lieber Leser, ich weiß. Dieser Seegang ist an einem einzigen Nachmittag entstanden und selbst mich hat das traurige Ende überrascht. Im Leben geht nicht immer alles gut aus. Das ist das treffende Fazit dieser Geschichte. „Nein" sagen zu müssen, kann situationsbezogen schwer sein. Oft muss man es erst lernen und damit den schwereren Weg gehen. Rückblickend betrachtet, lohnt er sich dann aber, durchgehalten zu haben.

Die Liege ihres Lebens
Die Liege ist reine Fiktion, Übergriffe am Horn von Afrika leider nicht. Cruisy ist übrigens real und das Maskottchen des Internet-Familienforums „Kids on Cruise". Ich war schon mit dem kleinen, blauen Freund an Bord und werde ihn auch in Zukunft gern wieder mitnehmen. Er ist ein sehr lieber Zeitgenosse, der nur manchmal ein wenig Angst bei zu starkem Wellengeflüster hat.

Sicherheitsprüfung
Die Idee zu diesem Seegang hatte mein Illustrator Boris Noruschat. Als ich seinen ersten Textentwurf las, hat er

mich berührt und obwohl Boris selbst nicht daran glaubte, schaffte es der Seegang mit einem Ende à la Brina Stein durch die Prüfung meines Agenten in das Buch. Ich finde es einfach klasse, wenn ich andere dazu inspiriere, eigene Seegänge zu schreiben.

Getroffen
Hat Ihnen die Fortsetzung von „Amors Pfeil“ in Überlänge gefallen? Ich fand es schön, den kleinen Gehilfen wiederzutreffen und tatsächlich das Happy End von Jessica und Tim zu erleben. Diese Geschichte lag mir persönlich sehr am Herzen. Jessica wird viele Jahre später übrigens beginnen, ihre Kreuzfahrterlebnisse in Büchern niederzuschreiben und Tim wird unendlich stolz darauf sein. Ob der Gehilfe nochmals aufbrechen wird, um auch Nina glücklich zu machen? Ich glaube ja.

Ich danke Ihnen für den Kauf und freue mich über Rückmeldungen und natürlich auch über Rezensionen an die Mailadresse: brina-stein@email.de. Alle Informationen sowie auch Termine für Lesungen an Land oder an Bord finden Sie auf meiner Webseite: www.brina-stein.de. Ich freue mich auf Ihren Besuch.

Ihre *Brina Stein*

Inhalt

Vorwort 7

Immer wieder dienstags 9

20 Jahre 17

Drei Mann auf einem Boot 27

Offline 35

Ausgepackt 41

54 Grad Nord, 8 Grad Ost! 47

Heimkehr 59

Gesellschaftsspiel 67

Stonehenge 75

Der Korb 83

Die Liege ihres Lebens 91

Sicherheitsprüfung 99

Getroffen 107

Häufig gestellte Fragen 135

Danke

Mein Dank für eine Vorablektüre meines zweiten Buches geht an alle Probeleser, die dieses Mal aus Deutschland, Österreich und der Schweiz kamen. Eure Rückmeldungen waren so wertvoll wie Gold für mich. Bedanken möchte ich mich aber auch bei allen Lesern des ersten Bandes und den Kommentaren, die mich motiviert haben, ab Januar 2013 wieder neue Seegänge zu schreiben. Auch standen meine Eltern sowie die Familie und viele Freunde wieder hinter mir. Meinem Mann Dirk gebührt ein besonderer Dank. Er hat verstanden, dass das Schreiben in unseren Alltag eingezogen ist und so dazu gehört wie Wäsche waschen. Auch in der Entstehung zu Band 2 hat er wieder Schreibblockaden gelöst und oftmals tolle Einfälle zu meinen Geschichten gehabt.

Zudem möchte ich Hubert Quirbach danken. Er ist nicht nur mein Agent und der Lektor des Buches, sondern er hat auch den passenden Verlag für mich gefunden, der so anders ist, wie ich mich selbst auch sehe. Stets hatte er ein kritisches Auge speziell auf die Enden meiner Seegänge und seine Vorschläge habe ich immer gern angenommen. Der Verlag 3.0 hat diese Fortsetzung realisiert. Als ich das erste Mal in den Verlagssitz in Bedburg kam, traf ich nicht nur zwei liebe Menschen, Kerstin und Zsolt, sondern ich fühlte, dass ich angekommen war.

Last but not least danke ich meinem Illustrator und Kooperationspartner Boris Noruschat. Mit viel Liebe, Feingefühl und künstlerischem Können hat er das Cover erschaffen und einzelne Seegänge illustriert.

Boris Noruschat mit *Brina Stein*

Der Illustrator Boris Noruschat

Der 1966 in Berlin geborene Kaufmann lebt mit seiner Familie seit vielen Jahren im Ruhrgebiet. Boris hat schon seit seiner frühen Kindheit einen innigen Bezug zu Schiffen, speziell den Cruise-Linern. Gerade diese Leidenschaft verknüpfte er 2009 mit seiner Malerei. „Kreuzfahrtunikate" war geboren und hat sich über die Jahre als einziger Anbieter speziell im Bereich der maritimen Kunst und Malerei von Kreuzfahrtschiffen etabliert. Mittlerweile kann er auf Kunden rund um den Globus zurückgreifen und ist auch selbst immer wieder gerne an Bord von Kreuzfahrtschiffen unterwegs.

Die Kooperation mit Brina Stein begann auf einem ungewöhnlichen Weg. Brina hatte Werke von Boris im Internet gesehen. Sie war damals auf der Suche nach Sponsoren für ein Plakat. Sie fand seine Kunst sehr interessant und schickte ihm am 22. März 2013 eine Mail mit einer Kooperationsanfrage und Hinweisen zu ihrer Homepage. Keine halbe Stunde später erhielt sie eine E-Mail zurück. Angehängt hatte Boris ein Foto, welches ihn mit Brinas Buch zeigte. Er gehörte bereits zu ihren Lesefans! Schon nach dem ersten Telefonat war klar, dass die zwei mehr Gemeinsamkeiten haben als die Geburtsstadt Berlin und die Liebe zum Meer und zu Schiffen. Sie gehen nun auch gemeinsam auf Kreuzfahrt, haben ein eigenes Programm geschaffen und, wenn es Boris' Zeit erlaubt, dann begleitet er Brina gern auf Lesungen und stellt dem stets interessierten Publikum seine Werke vor.

Ein Buchcover zu gestalten war übrigens schon immer sein Traum gewesen. Nun hat er sich diesen auch erfüllt. Alle Informationen zu Boris Noruschat finden Sie hier: www.kreuzfahrtunikate.de!

Wellengeflüster I

– Neunzehn Seegänge mit Brina Stein –
Mit Illustrationen von Boris Noruschat

ISBN 978-3-95667-035-0 **Edition BUCH+eBook**

Neuauflage von Band 1
164 Seiten

https://buch-ist-mehr.de/portfolio/wellengeflüster-l

Was haben eine Biene, ein Spatz und ein Koffer gemeinsam? In diesem Buch gehen sie auf Kreuzfahrt und werden die Helden ihrer eigenen Abenteuer. Oder wollten Sie schon immer mehr über das Arbeitsleben einer Schiffs-Webcam, einer Bord-Uhr oder eines Weinkorkens auf See erfahren?

Neben fiktionalen Erzählungen erwarten Sie aber auch reale und tiefgehende Themen, die Menschen an Bord bewegen. Der Seegang des Meeres hält sich in Grenzen, schließlich sollen Sie das Flüstern der Wellen hören … Dafür schlagen die Emotionen umso höhere Wogen!

Neunzehn spannende Seegänge – vom Flusskreuzer bis zum Mega-Liner, von der Karibik bis ans Nordkap, von der Liebe bis zum Mord. Stechen Sie mit Brina Stein in See!

Lesermeinungen zu Band I:

≈ *Warum nur 19??? Ich hätte stundenlang weiterlesen können, oder nein … am besten regelmäßig und immer wieder :-)* Melanie Denkmann

≈ *Liebe Brina, du hast es geschafft! Ich habe seit Jahren mal wieder ein Buch gelesen. Und das in nur einer Woche auf der AidaMar, also in perfekter Kulisse* Markus Pick

≈ *Wellengeflüster von Brina Stein ist ein Buch zum Thema Kreuzfahrt, welches auffallend aus der Masse herausragt* Schiffsjournal.de

≈ *Überraschend anders & erfrischend!* Sabrina Müller

≈ *Die perfekte Lektüre nicht nur auf See* Petra Schulz

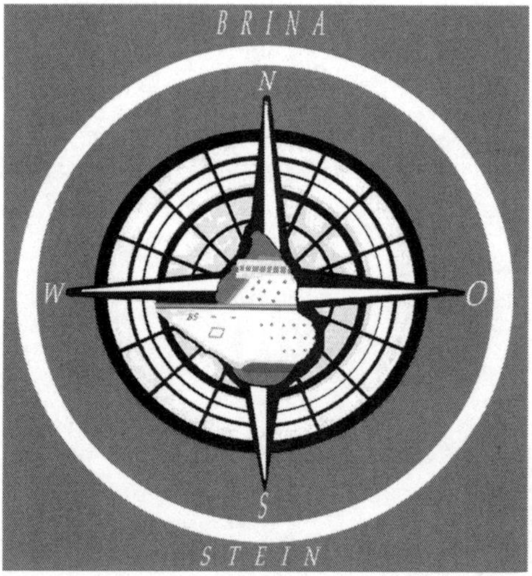
BRINA
N
W
O
S
STEIN